自分で作る

ありがとうファイル

財前直見

私自身の「ありがとうファイル」の中身を少しだけお見せします。

直見

作成日 2019年 1月 10日

| 名前 | 財前直見 | 生年月日 | 1966 昭和41 年 1 月 10 日 | 血液型 | AB 型 |

旧姓　　　　　父の名前 財前ケンイー　　母の名前 財前かつ子（旧姓）

本籍　大分市

資格　ソロバン、簿記、習字、バイク大型中型、メンタル心理カウンセラー　上級心理カウンセラー　チャイルド心理士　ミニアピアカウンセラー　終活ライフケアプランナー　エレガンスマナー

なぜその資格をとったの？

子供の頃の夢は？

子供の頃どんな子だったの？　大人しい。

あなたのお父さんはどんな人だった？　いろんな所につれて行ってくれた。　しつけはきびしい　なぐられた。

あなたのお母さんはどんな人だった？　ケーキ、にんにく玉など 手づくり料理を食べさせてくれる。

しかられた事は？　「生まれてこなきゃよかった」と言ったら なぐられた(父)

あなたの父母がよく言っていた語録は？　身体髪膚これを父母に受く、あえて毀傷せざるは孝の始なり

思い出に残っている事は？　いつも愛情いっぱい与えてくれる両親。

結婚の時 贈られた言葉やもたせてくれた物は？

あなたの幸せとは？　毎日が幸せだと思っている。

この先の心配事は？　心配てすると そうなるので 心配はしないこと

子や孫に言っておきたい事は？　自分を信じ愛する事。

捨てられたくない物は？　なし

嫌なことは？　いばる、ケチ、感謝のない人

好きなことは？　おもしろいこと

健康のひけつは？　楽しんで 感謝すること。

自由に書いて下さい。(裏もつかって下さい)
(先祖のことや 伝えておきたい事など) 九字護身法
臨 兵 闘 者 皆 陣 烈 在 前　マネした動画が(笑)
りん ぴょう とうしゃ かいちんれつざいぜん

ぜんざいで 財前ギャグ。

これは、お母さんと自分へのインタビュー。

お母さん

作成日 2019年 1月11日

- 名前　財前カツ子
- 生年月日　昭和16年 4月6日
- 血液型　B型
- 旧姓　岩下
- 父の名前　岩下金太郎 67才
- 母の名前　岩下エツ 78才 旧姓 松山
- 本籍（結婚前）　鹿児島県 川辺郡
- 資格　運転免許（20代 普通） 調理師（30代） 介護3級（60代）
- なぜその資格をとったの？　おいしいもの作って皆に食べさせたい／車椅子さんの手助けができるように
- 子供の頃の夢は？　母のように料理上手になりたかった。
- 子供の頃どんな子だったの？　海に泳ぎに行く 活発。部落中遊びに行った 日曜は不在
- あなたのお父さんはどんな人だった？　カツオ船に乗っていた。焼酎が好き 毎日3合瓶いに行かされた。
- あなたのお母さんはどんな人だった？　料理・着物　母が大好きだった。
- しかられた事は？　父は家に帰ってきたら母の手伝いをしなさい
- あなたの父母がよく言っていた語録は？　口にちんまもんな（けがさすな）／あなどなよと人様に笑われないようにしとかんといかん
- 思い出に残っている事は？　旅行に行った事。
- 結婚の時言われた諭やもたせてくれた物は？　着物
- あなたの幸せとは？　子や孫に恵まれ、男の子女の子　本当に嬉しかった。
- この先の心配事は？　ボケ 寝たきりにならないように　健康でいる。
- 子や孫に言っておきたい事は？　会った人に感じのいいあいさつが出来、あいさつで手を取りなさい。
- 捨てられたくない物は？　生きているうちに　誰かにあげる。
- 嫌なことは？　気持ちを受けるに、ありがとうの気持ちがわからない人 感謝しない
- 好きなことは？食べる事。食べさせる事。手づくり／シュークリーム かぼちゃケーキ ワイン キャラメル／カルピス たこやきお好みやき
- 健康のひけつは？　季節の食材　バランス良く食べる。

- 自由に書いて下さい。（裏もつかって下さい）（先祖のことや 伝えておきたい事など）岩下家の兄弟に　父の着物で ダックスフンドの犬のぬいぐるみをあげた　和代のひき出し

人のせいにするな!!

レシピも「我が家の伝統」としてファイリングしています。

年　月　日（　）　　　　　　　　◎一人分（　　）Kcal

Title 運動会　カップちらし寿しなど

◆材料（　）人分　　　　　　　◆仕上りイメージ（写真・イラストなど）

1.
2.
3.
4.
5.
6.
7.
8.
9.
10.
11.
12.
13.
14.

カップチラシずし
サラダ
フルーツ（りんご ぶどう きゅうり）

◆つくり方（ポイント：　　　　　　　　）　◆所要時間（約　　　）分

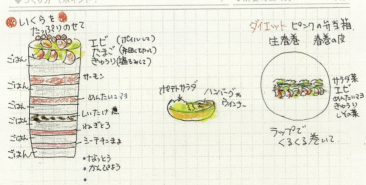

いくらを たっぷりのせて

ごはん
ごはん
ごはん
ごはん
ごはん
ごはん

エビ（ボイルして）
たまご（半田くてから）
きゅうり（塩もみに）
サーモン
めんたいこマヨ
しいたけ煮
ねぎとろ
シーチキンまま
・なっとう
・かんぴょう

ポテトサラダ　ハンバーグゃ ウインナー

ダイエット ピンクの弁当箱
生春巻　春巻の皮

サラダ菜
エビ
めんたいマヨ
きゅうり
しその葉

ラップで くるくる巻いて

目次　Contents

ありがとうファイルができるまで —— 10
ありがとうファイルの作り方・使い方 —— 38
こんな項目のPDFシートをご用意しました —— 42
ライフプランを書いてみよう！ —— 44
住所変更・名義変更 —— 50

デジタルには落とし穴が！アナログで管理 —— 52
デジタル住所録 —— 54
おつきあいリスト —— 56
命日リスト —— 57
置き場所リスト —— 58
防災避難チェックリスト —— 60

伝えたい！ —— 61
お母さんのレシピや家紋など 我が家の「伝統」を見直す —— 62
ファミリーヒストリー —— 64
お母さんの味レシピ —— 66
宝物コレクション —— 69
ペットについて —— 72
親へのインタビュー —— 74
これからしたい事 —— 76
過去の自分に1通だけメールを送るとしたら —— 77
愛を伝えたい！ —— 78

お金のこと —— 79
お金を見直せば、人生見えてきます —— 80
- 預貯金 —— 82
- 口座自動引き落とし —— 83
- クレジットカード —— 84
- 借入金 —— 85
- 保険 —— 86
- 年金 —— 87
- 不動産 —— 88

もしもの時 —— 89
家族が困らない最低限の「意思表示」がストレスを軽くする —— 90

- 普段の健康管理 —— 92
- 入院準備リスト —— 94
- 介護について —— 96
- ターミナルケア（終末期医療）について —— 100
- 事故にあった時亡くなった時 —— 102
- 遺言書について —— 103
- 亡くなってすぐやらなければならない手続き —— 104
- 死亡後にやることチェックリスト —— 108
- 葬儀のこと —— 110
- 墓のこと —— 112
- 墓じまいする人が増えている —— 113
- 相続後名義変更チェックリスト —— 114
- 解約手続きするもの —— 116

編集Oも実際に作ってみて財前さんにクエスチョン！ —— 118

- 自分を表す言葉 —— 124
- あとがきにかえて —— 126

ありがとうファイルができるまで

　私は昔からファイルが大好きです。
　自分の部屋にも、今まで出演したドラマの時に撮影した写真や、共演した子役さん達からいただいた手紙、雑誌の切り抜きなどを、作品ごとにまとめたファイルがたくさん並んでいます。きれいにサイズを揃えて収納できるところや、見たいものをすぐに取り出せる便利さが気に入っています。
　以前テレビ番組で取り上げていただいた時に数えてみたのですが、50冊を超えていました（笑）。

　そして、それらよりも、もっと特別でちょっと厚みのある一冊の手作りファイルがあります。それが『ありがとうファイル』です。
　父、母、息子、私の年齢やお祝いごとの年表から始まって、今の生活に必要な情報やレシピ、これからやりたいこと、そして、もしもの時の希望

まで、家族みんなのことが書いてある、とても大切なファイルです。

　一度書いたらしまい込むイメージのエンディングノートと違って、私は何かにつけ、このファイルを開いて見ています。なぜなら、家族全員の日常に役立つ情報を集約しているから。『虎の巻』と言えばわかりやすいでしょうか。

　このファイルが、家族と私の人生に、『安心感』と『夢』を与えてくれています────。

大分と東京
二拠点の暮らしを始めて12年目

　現在、私は大分の自宅で、私の両親と息子の家族4人で暮らしています。

　仕事の時は、大分から飛行機で東京に通う生活。

大分では「息子のママ」。

東京では「女優さん」。

このやり方だと、生活の「オン」と「オフ」が区別できるんです。

東京は「オン」。大分空港に向かうバスや飛行機の中では、仕事の確認をしたり、台本を読んだりします。撮影の現場に入ればメイクさん、衣裳さんの力もお借りして女優に変身！ 演じる役のイメージに近づけるため美容室に行ったり、撮影の後に、共演者の方やスタッフさんと食事に行くことも……。宿泊はホテルです。あっ、でも女優さんが泊まるホテルといってイメージしちゃうような豪華なところじゃないですよ（笑）。部屋の中に洗濯機や電子レンジがある、長期滞在型のホテルがほとんどです。そこでセリフを覚えたり、女優の仕事を中心に過ごします。

仕事が終わって大分に戻ると「オフ」。ここでは完全に主婦で母親、子供の事を中心にした生活に戻ります。

このような仕事と子育ての両立を始めて9年目になります。

ところで私って?

財前直見——本名です。

「なぜ直『見』になったの?」 大人になってから両親に聞いたことがあります。

母は父の実家で臨月を迎えました。名前は親から受け取る最初のプレゼント。呼び名は「なおみ」に決めていたそうです。「直見」は、私を取り上げてくれたお産婆さんが決めてくれたのですが、『美』ではなく『見』を選んだ理由については、「財前」という字がごついので、『美』だと苗字負けする、と言われたみたい(笑)。

「直見」——素直な心で物事を見る。いつも、そんな人でありたいと思っています。

のどかだった子供時代

姉と一緒に。

子供の頃は兵庫県姫路市に住んでいたので、夏休みや冬休みに、大分の田舎に帰るのがとても楽しみでした。祖父の家は茅葺き屋根で、お風呂は家の外にある五右衛門風呂。トイレはどっぽん便所。台所は土間で竃がありました。家の横には蔵があり、その2階には部屋があって、父の兄弟たちが好きだった昔の女優さんのポスターが貼って

あったなぁ〜。蔵には、私がのちに出演したNHK大河ドラマ『おんな城主　直虎』の井伊家と同じ、丸に橘の家紋があったことも覚えています。

のどかな環境で、牛も飼っていて、よく藁きりという道具で藁を切って牛に食べさせていました。ある時、自分の指まで切ってしまったことがあって、今でも左手親指にその傷痕があります。

父は8人兄弟の長男。お盆やお正月などは、親戚一同、30人近く集まり、いつもわいわい、がやがやと大賑わい。夏には、川（用水路）の水をせき止めて、プールのようなため池を作って、親戚の子供たちと一緒に泳いで遊んでいました。

冬は庭でお餅つき。お餅を丸めてみんなで食べました。

今では懐かしい子供の頃の体験を、息子にも味わって欲しい！　父が元気なうちに、囲炉裏や五右衛門風呂、竈など、古民家再生したいと、夢が広がっています。

その後、小学校3年生の時に、父の転勤で大分に移り生活するようになりました。

女優デビュー
東京で目まぐるしい日々に

　1984年、18歳の時、私はキャンペーンガールでデビューと同時に、現在のプロダクションに所属することになりました。今年がデビューして35周年です。好きな女優の仕事を続けていられることに、日々幸せを感じています。じつはデビュー2年目くらいに、仕事がなくなった時期がありました。当時のマネージャーからは、「辞めて大分に帰れば？」と言われたりもして。でもちゃんと努力をしていたし、まだ諦めたくなかったから、「本当に脈がないと思われるなら無駄だと言ってください。でも、まだチャンスがあるならやらせてください」と言いました。帰れと言われて火がついたんです。「私は女優として生きていく！」と。

　時間があったから毎日毎日、さまざまな映画を観たりして、女優として必要なスキルを自分なりに勉強する日々が続いて……。気づいたら、お陰様で多忙な日々になっていました。

20代後半までは、ひたすら目の前の仕事を懸命にやっていく生活で、大分の実家にはほとんど帰らず、電話もあまりしていませんでした。ところがたまたま実家に帰った時に、母が交通事故で入院していたことを初めて知りました。「何で教えてくれなかったの？！」と母に聞いたら、「忙しいあなたに心配かけたくなかったから……」という答で。その瞬間、（私、両親に気を遣わせていたんだ。もっと普段からちゃんとコミュニケーションを取っておかないとだめなんだ……）と反省しました。このことは、その後両親と暮らそうと思ったこととどこかでつながっているかもしれません。

　34歳の時、東京に家を買いました。将来、両親を呼び寄せることも心のどこかで考えていました。でもわりあいすぐに、（それはないな）ってわかりました。何度か遊びに来てくれたのですが、いつも退屈していたんです。父は定年を迎えてから、大分の田舎で畑もやっていました。土をいじって生き生きと過ごしてきたのに東京ではそれができない。2人の姿を見ているうちに、「大分で暮らす」ことが両親のためになると、心のどこかで芽生えたような気がします。

待望の子供を授かる

　2003年、37歳の時に一般の方と結婚（2012年に離婚）。比較的遅めの結婚だったこともあり、機会を逃すと子供を持てないかもしれないという焦りに似た気持ちが生まれてきました。突然の妊娠、出産で周囲に迷惑をかけたくないという気持ちもあったので、40歳を目前にした頃、「子供を作りたい」と事務所に相談しました。そして2時間ドラマなどのシリーズ終了を機に、思いきって子作り休暇をもらいました。

　嬉しいことに休暇期間に入ってほどなくして、妊娠することができたのです。初めて産院でお腹の中の〝小さな命〟を見た瞬間、感動で涙が溢れました。「この子を守る」「守れるのは私」母性本能が芽生えた瞬間でした――――。

　赤ちゃんがお腹の中で少しずつ大きくなっていくにつれて、「自分は一人じゃない、赤ちゃんと二人三脚なんだ」という不思議な感覚になりました。

　話しかけると反応したかのように蹴ってきたり、明らかにしゃっくりしたり（笑）。だんだん面白

くなってきます。妊娠9ヶ月ぐらいになるとお腹も大きくなって、ベッドから起き上がる時や、靴下を履く時も一苦労でしたね。

そして出産……初めて見る赤ちゃん。ついてる(笑)、男の子だ!

力一杯泣く息子を見て、〝全身真っ赤だから、赤ちゃん?〟と、どこか冷静な自分もいた。それでいて、気づいたら感動で涙がどんどん溢れ出していました。

(こいつが、お腹の中にいたのか。やっと会えたね、ありがとう、赤ちゃん!)

赤ちゃん生まれました♡

12月に生まれたこの子には、冬の寒い時にも、凛(筋の通る、背筋がピンとしている)としている日本男子になってほしいという思いを込めて、「凛太郎」の名前をプレゼントしました。

〝三つ子の魂百まで〟という言葉もあるように、3歳までは、手塩にかけて育てようと決めていました。そして、考えるようになりました。子供をこのまま東京で育てるのか。自分は子供にとって普通の母でいたいし……。そして、心に浮かんできたことは、「私が大分で暮らす選択肢はありか

な？　年老いていく両親のそばにいられて、しかも息子ものびのび暮らせる。それって一石二鳥なんじゃない？」じつは私、重曹で家も自分もキレイにするとか、もともと一石二鳥が大好きなんですよ（笑）。

大分での子育てを決心

　自問自答を繰り返した結果、やはり息子は私が生まれ育った大分で育てたいと思いました。事務所の理解もあって、私は大分で子供を育てる決心をしたのです。
　実際に始めてみたら、大分での暮らしは、私と息子、両親にとって一石二鳥どころか、三鳥、四鳥にもなってくれました。

　大分では、家庭菜園で採れた季節の野菜や、新鮮な魚介類を食べられます。もちろん母の手作りご飯も食べられる。犬もいる。近所の人たちは、私が子供の頃から知ってる人ばかりで、会えば笑顔で挨拶をかわすのが日常です。近くには温泉も湧いているし、休日は田舎にあるご先祖様のお墓参りに行ったり。山では栗拾いや椎茸の種菌を原

木に植えつける駒打ちをしたり……わざわざ遠出しなくても自然と思い切り触れ合える場所です。環境も食育の面でもこれ以上ない場所なんです。

そして孫がいることで、両親がとにかく元気！張り合いのある生活を送れるのは孫のおかげだと喜んでくれています。

もし、東京で子育てをしていたら、なかなかこうはいかないかもしれません。ご近所付き合いも少ないことが多く、"礼儀は正しいけれど、どこか無関心"が普通になってきています。この仕事をしていると、事務所のスタッフを頼ってしまうのかも。みんな優しいから助けてくれるだろうけれど、スタッフの本来の仕事はマネジメントであって、子供の世話をお願いするのは、やっぱり筋違い。私は私で、有名私立の付属校に通わせようと気張ったり、けっこう世間体を気にする生き方をしていたかもしれません。

思い切った二拠点生活は、自分にとって正解

だったんだな、と思っています。

実は一番大切なことについて記録していないかも!?

　さて、お話をファイルに戻します。今から十数年前に、義母が亡くなりました。葬儀やお墓、延命などの希望は生前に伝えていてくれたので、本人の希望に沿った形で進めることができて助かりました。ですが、遺品整理の時、どれが大切な物かわからなかったので、残しておくべき物と、処分する物の判断に悩みました。なかでも困ったのは、ご先祖様が買ったであろう価値のわからない掛け軸や絵、着物、食器類、さらに銅像などの大物……鑑定士を頼むにもお金がかかりますし、一時的に保管していても、価値がわからなければ、いずれは捨てる運命になります。結局その時も、ほとんど処分することになりました。

　「この掛軸は〇〇の作品で、△△万円の価値がある」「欲しい人がいたら譲ってください」「これだけは家宝として代々残すように」。そんなメッセージを聞いておけば、家族は悩むことなく故人の遺志に沿った判断ができたでしょうね。ほかにも、

チラシの山があったので捨てようとしたのですが、よく見てみると、その裏にはキャッシュカードの暗証番号だったり、金庫の開け方など、思わずエ〜ッ!? って思うような大事なことが書いてあって。気づかずに捨ててしまったら大変なことになっていました。何かの手帳やノートにまとめておいてくれたらいいのになぁと思った最初の出来事でした。

　それともうひとつ、義母が亡くなる数年前の話になるのですが、1999年に私の祖父が肺がんで亡くなりました。
　生前、本人には病名を伝えていなかったのですが、おじいちゃんは自分の死期というものを感じていたようです。
　亡くなる数か月前に、長男である私の父に「今日は会社を休め。これをすべてオマエに託すから」と、書類やハンコが入ったカバンをそのまま父に渡したそうです。おじいちゃんは、財産の分け方に関するすべての委任状をいつの間にか書いていたんです。死後、相続で揉め事が起きないようにと、生前贈与の手続きを父に託したのです。おじいちゃんは遺言書やエンディングノートを書いた

わけではありませんが、そのおかげで、後々親族間で揉めたり、困るようなことは何ひとつなかったようです。

これもまた、家族に大切な気持ちやモノを伝える必要性を感じた出来事になりました。

エンディングノートを書いてはみたけれど

父と弟妹たち。

さて、息子が小学4年生になった頃、そろそろ塾に通わせたいと思うようになりました。それなら〝お母さんも勉強して頑張ってるのよ〟という姿を見せたほうが説得力があるはず！ と思って、資格取得の為に勉強する決意をしました。その話をしたところ、息子からは「どうせ僕に勉強させたいといいつつ、自分のためなんじゃないの？」と言われました（笑）。

資格取得には、もう1つの大きな理由がありました。それは、2016年に50歳の節目を迎えたことです。小さい頃から、周りの大人にたくさんのことを教わって生きてきた私もこの年になり、（何か社会貢献ができないかな）、（誰かのために役に立てる人間になったほうがいいかな）と意識し始

めたんです。

　大分で、私を幼い頃から知っている近所のおじちゃん、おばちゃんたちも含めて、みんなだんだん歳を取ってきています。日常の会話の中で、話や悩みを聞いているうちに、（何かこの人たちのお役に立てないかな、恩返しができたら）という気持ちが芽生えてきました。

　年齢を重ねていくなかで、困り事や悩み、そして不安を抱えながら立ち止まっている人の背中を、そっと押してあげられたら……と。そのためには資格もあったほうが、責任も自信もつくような気がして、試験勉強を頑張りました。

　最初にメンタル心理カウンセラー、上級心理カウンセラー、行動心理士、シニアピアカウンセラー、終活ライフケアプランナー、エレガンスマナーの順番で6つ。

　そんな中で、デジタル遺品の問題や、家族に迷惑をかけずに自分の意思を確実に伝えるノウハウが大事だということをさらに認識しました。やっぱり、ちゃんと項目別に整理した個人のデータをひとつにまとめておくことはとても大切です。私自身、おかげさまで今は健康なので、正直、まだそこまで『死』を意識していませんでしたが、終

活ライフケアプランナーとして、実際にエンディングノートを書いてみる必要があります。私も既存のエンディングノートに記入しようとしたのですが……。死にまつわる項目が中心ということもあり、今まで考えたこともないことや、書きづらいなと感じるものが多く、ほとんどが空欄になってしまいました。

「それなら、自分でオリジナルを作ってみよう！」そう思ったのです。

ノートじゃなくてファイルにしよう！

息子の30センチ定規を借りて、ルーズリーフに線を引き、すべて手書きで色々なテーマの表を作りました。自分にとって必要だと思う項目を書き込んで少しずつ増やしていきました。その紙を、100円ショップで買ってきたクリアファイルフォルダーにひとつひとつ入れていったのが、この『ありがとうファイル』の原形です。

最初に作ってみたのは何かといえば、『ライフプラン』（→P46）でした。西暦と年号、その下には自分と家族の年齢を入れて、現在・未来をあ

りのまま書いてみたのです。自分の人生を振り返りながら、これからの生活を考えるだけで、「いやいやこれは、今後の人生を充実させるための、夢のある楽しい作業だ」と、強く思うようになりました。

（人生はまだまだ長いな〜）（そうだ、死ぬまでに〇〇はやっておかないと！）（10年後、子供は〇歳、どれだけ成長しているか楽しみだな〜）……とか（笑）。明るい想像がどんどん湧いて、寂しいどころか不思議と「今」という時が大切に思えてきて、（頑張らなくっちゃ！）と、プラス思考になっていく自分に気づいたのです。そうか、私の作りたいものは、エンディングノートではなくて、今、そしてこれからを生きるための記録。自分と家族がより良い人生を送るためのライフプランなんだ！　と。

　ファイルにしたことで、一度書いたことでも、気が変わったら、あらたに書き直して入れ替えるだけでいいので、心理的なハードルもぐっと下がりました。

自分や家族のことを「見える化」するほど色んなメリットが

大好きなファイルにすることを決めたら、楽しくなってきて、様々なアイディアが湧いてきました。

①家族とお祝い！

家族年表には、長寿のお祝いや記念の年を記入して、みんなでお祝いをしましょう。

誕生日はもちろんの事、成人式や結婚記念日など、その気になればいろいろあります。そしてその日が来たら、家族みんなでお祝い！　ファイルだからどんどん誰かの記念日を増やしていくのもアリです（笑）。毎月1回、プチイベントを開催するのもOK！　家族や仲間との絆を深め、お互いを盛り上げるコミュニケーションツールとして楽しめますよ!!

②日常を快適にするお役立ちリスト

私の場合、引っ越しや、結婚、離婚などで、名義の変更や住所の変更手続きが何度もありまし

た。その度に必要な連絡先を、それぞれの証書や領収書を集めて電話していました。こんな時に、各種の連絡先が1枚にまとめられていたら、助かるなぁ〜と思っていました。

連絡先がひと目でわかるように契約番号や、問い合わせ窓口の電話番号が書いてあるチェックシートを作っておけば、いちいち証書や領収書を探し出す手間もなく、☑だけでOK！ しかもわかりやすい。これは特にお勧めしたい項目です。

それから、私はおつきあいリストも作っています。

「気持ちをいただいたら、気持ちを返す」———。これ、私の母の言葉です。お祝いをいただいたらお返しをしたり、神頼みをしたら、御礼参りをするのと同じように、もらって当たり前より、いつ誰に何をいただき、何を返したかを書いておくことで、後々、誰と疎遠で誰と交流があるかも、見えてきます。

③家族の思いを伝える
コミュニケーションツールとして

以前NHKの『ファミリーヒストリー』というテレビ番組でルーツを調べていただいた時、ご先

祖様について知らなかったことが色々わかって、すごく興味が湧きました。そして、祖父母や両親について、もっと知りたい、話を聞きたいと思うようになりました。経験や知恵も宝だと思います。

私は、父母用にインタビューシートを作って、色々と聞き取りをすることにしました（→P4〜5、P74〜75）。

例えば、私の母は着物が好きで、家にはそれはそれはたくさんの着物から布切れにいたるまでしまってあるのですが、せっかくの機会なので一度由来を聞いてみたいと思いました。

「この琉球絣の着物は、私の嫁入りの時に母が縫ってくれたもので……」

そんな言葉を聞いたら、捨てる訳にはいきませんよね！ 物にも想いがこもっている──祖母が母を想う気持ちが入っていますから。（タンスの肥やしにしないで、何か作ろう！）と思い立ち、スカートにリメイクすることにしました。第1号は、大分の祖母が使っていた袢纏や布団カバー、モンペなどの絣のはぎれを使ってパッチワークスカートに。第2号は、祖母の気持ちがこもった想い出の着物をメインにスカートを作りました。我ながら、よくできたと気に入っています。昔の人

まずは家族で話しあうことが大事です。

が丁寧に織った生地はとても着心地がいいです。それに、祖母たちを身近に感じます。

　ほかにも、母から私、私から息子のお嫁さん……と受け継いでいって欲しいものの一つに、家庭の味があります。レシピを作って母の味を伝えていきたいですよね。

　父からは、貴重な農業の仕方を聞きました。田んぼを牛で耕す方法です。

「わしは、小学生のウシ使いやった！」

　と、本人は自慢げに言います。でも、父が優しいから、「牛が寝てしまう」と、よくおじいちゃんに注意されたそうです（笑）。そんな話が聞けたのも、私の宝物になりました。これも『ありがとうファイル』のインタビューのお陰です。

④お金の事実を書くことで
マネープランにも変化が

500円預金もけっこうたまるよ

　人生で一番お金がかかるのは、教育費や、住宅購入費。そして、なかなかつかみにくい老後資金などですね。

　元気で働いている今だからこそ、お金を貯めたり、お金の目標をはっきり自覚するツールとしても、ファイルを役立ててください。「義務教育の

うちに子供1人に500万円貯める」、とか、「毎月、子供1人に5000円ずつは貯金する」とか、自分にとって立てやすい計画でいいと思います。自分なりに目標を自由に書き込んでいくのも楽しいですよ。実践すれば、無駄な出費は控えようと思えるし、定年退職後の楽しみを見つけよう！とか、書き込んだ今から始めれば塵も積もれば山となるでしょう。後々、「書いてて良かった、助かった」と、きっとなると思います。

　私自身はといえば昔から堅実なほうで、若気の至り？　で、せいぜい大型バイクのV-MAX（左の写真）を一時所有したくらいかしら（笑）。これも結局、大きすぎて自分の力で起こせないわ、お母さんにお浄めの塩をまかれて錆びそうになるわで手放しました。

　子供が生まれてからは、無駄をなくそう！　とさらに意識するように。

　そもそも、うちは息子が精神的に大人で、「僕を喜ばせようと、僕が欲しくない物まで買わないで！」と逆に叱られることも（汗）。両親が家紋の置物を買った時なんか、「そんな無駄な買い物をするお金があるなら、困っている人に寄付するべきだ！」と、叱られて両親もトホホ。大人顔負

けの意見でした。

「無駄遣いしたら、困るのは残された息子」その
キーワードを忘れないように心がけています。

⑤もしもの時に備えて

　私は若いからまだいいわ！　と思っていても、
いつ何が起こるかわかりません。その時に、延命
措置をするかしないか、さらに臓器提供に対する
考えなど、元気なうちでなければ、どうしたいか
の意思表示はできません。自然災害に見舞われた
時も、すべてを持ち出せればいいですが、できな
かった場合、後から通帳や保険証券などを探すこ
とになるでしょう。瓦礫になった家の中から探し
出すのは大変危険ですし、気が遠くなる作業です。
その時、原本が失われたとしても、すべてが書か
れた一冊のファイルさえ持ち出せれば、どれだけ
手間を省略できるでしょう。一人暮らしの若い人
でも、事故などで手続きが自分でできない時は、
誰かにお願いする事になります。特に、今の人は、
スマホやパソコンの中に連絡先や写真など色々な
情報を入れています。自分に何かあった時、パス
ワードを家族が電話会社に問い合わせても、容易
には教えてもらえず、困難な目に遭うことも。指

紋認証や顔認証は、自分で使うには便利ですが、最後は結局パスワードが要りますし、自分で入力したパスワードなのに、なんだっけ？　って事もしょっちゅうあります（私はそうです）。必ず、頭の中だけでなく、紙に書いて残しておくべきです。

　デジタルのことも、アナログで記録しておくのがこれからの鉄則だと思います。

自分や家族の「今」を大事に考えて「未来」にチャレンジ！

　今元気な人は自分の死後の事は考えたくないでしょうし、イメージできないと思います。でも、もし明日死ぬとしたら「今」がとっても大事だと思いませんか？

　あるアンケートで知ったのですが、人生で後悔した事の大半は「チャレンジしなかった事」だそうです。（死ぬ気になったらなんでもできたはずなのに、あの時、勇気を出して〇〇していたら、違った人生もあった……）と感じる人は多いんだそうです。チャレンジするなら、チャンスは今かもしれません。

自分にはできないと思っている人は、できない自分を自らが選んでいるのかも。これって、ある意味すごく我慢強い人です（笑）。

　自分の心に素直に向き合って、自分がワクワクする事は何か？　それを実現するにはどうすればいいか？　私自身も大分で子育てしたい！　という夢を叶えたことによって、子育て、両親と住む事、仕事も、私が想像する以上に広がりました。

　家を購入後、住宅ローンを繰り上げ返済しました。それは利息がムダだと思う私のケチ根性（笑）。老後に借金や家賃を払いたくない！　という気持ちがあったからです。家も古くなると修繕費がかかるでしょうけれど、家賃がないのは助かります。

　それもこのファイルを作って、人の人生には限りがあることを意識したから、頑張れたのかもしれません。『ありがとうファイル』には、そんなご利益もあると思います。

ファイルを作っているうちに あらためて「ありがとう」の 気持ちが湧いてきた

　老若男女を問わず、ひとりひとりに『ありがとうファイル』をつくって欲しいと思っています。
　ファイル作りで自分の過去、現在、未来、そして家族とのつながりを再確認したことで、
「生まれてくれてありがとう」
「育ててくれてありがとう」
「ノートを書いてくれてありがとう」
「あなたに会えて嬉しかったありがとう」
　色々な感謝の気持ちが湧いて出てきました。

家族への思いは、直接言葉にするのは照れ臭いですよね。でも、誰しも自分の文字と言葉で大事な思いを残しておきたいのではないでしょうか。

　ファイル作りをひとつのきっかけとして、「今だから言えるけど、あの時本当は寂しかった」、「あの当時は、聞くのを遠慮していたけど、本当はどう思っていたの？」といった、心に引っかかっていた深いことを語り合う「人生の棚おろし」が叶うかもしれません。本当は伝えたい、聞いておきたい気持ちは、誰にでもあるはずです。ファイルには、それを形にするヒントが詰まっています。

　今を生きていくために必要な情報、そしてこれからの人生に馳せる思いまでをひとつにまとめておく。これが財前直見の『ありがとうファイル』です。

カスタマイズは自由自在
気楽に書き始めて

　『ありがとう』は、自分の人生、そして家族に感謝を込めて付けたネーミングです。今回の書籍化にあたり、私のオリジナル版をベースに、誰にでも書きやすいようにデザインし直してみました。

最大の強みはQRコード（→P38）を使ってPDFをダウンロードしたら、その時必要な項目だけを選んでプリントアウトできること。たとえ状況が変わっても、何度でも書き直しができます。また、スペースが足りなければ追加もできます。ここも既存のエンディングノートと大きく違うところです。

　また、書籍内のノート部分は、"練習帳"だと思って気軽に試し書きをしてみてください。自分で作る事に意味があるので、シールを貼ったり、写真を入れたり、あなた自身のアイデアをつめ込んだ、世界に一つだけのオリジナルファイルを作ってみてください。みんながよりハッピーになれる。私はそう信じています。

　さあ、それでは『ありがとうファイル』を一緒に作りましょう。

ありがとうファイルの作り方・使い方

① 特設サイトで書き込み用PDFをダウンロードします

左のQRコードを読み込んでいただくか、
またはインターネット画面のいちばん上のURL
(例・http://www.yahoo.co.jp など)が表示されている枠に
https://arigato-file.jp と打ち込んでください。
次にキーボードのEnterボタンを押すと
特設サイトが表示されます。
そこから書き込み用PDFをダウンロードしてください。
必要な項目だけ選ぶこともできますし、
今は必要なくても後々状況が変わるかも、と思ったら、
全部まとめてダウンロードしておくのがお勧め。

❷ 必要な項目を必要な枚数だけ印刷

必要な項目を家庭用のプリンターでA4の紙にプリントアウトします。プリンターが自宅になくても、スマホに主要コンビニエンスストアのマルチコピーアプリを入れておけば、コンビニのコピーコーナーでリーズナブルに簡単に印刷することが可能です。

コンビニでも印刷できます

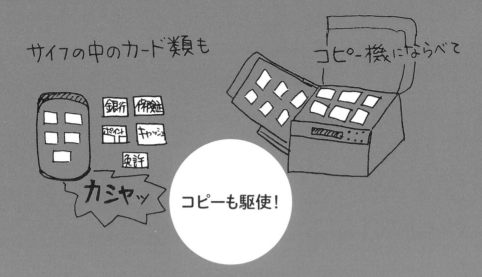

❸ 書けるところから気軽に書いてみます 面倒なところはコピーするだけでもOK！

書きやすいところから気楽に書き始めます。
クレジットカードや診察券など、数が多くなりがちで
書き写すのが面倒な項目は、カードをまとめてコピーしてしまえば、
ラクに一目瞭然のリストができます。
カードの裏側も忘れずコピーしておきましょう。

❹ A4サイズの クリアファイルに どんどん入れていく

クリアファイルを用意して、どんどん項目別に入れていきます。
100円均一ショップなどで買えるシンプルなものでも充分です。
うちの場合は家族4人分を一冊にまとめていることもあり、
のちのち項目が増えそうだな、と思って、
ルーズリーフ式のクリアファイルを選びました。
これだと、ページの入れ替えが簡単ですし、
外出先にも必要なページだけを持ち出せるので
使い勝手がUPします。

こんな項目のPDFシートをご用意しました

【すぐに役立つファイル】

	自分	親	子
ライフプラン			
住所変更・名義変更			
デジタル住所録			
おつきあいリスト			
命日リスト			
置き場所リスト			
防災避難チェックリスト			

【伝えたい！】

	自分	親	子
親へのインタビュー			
自分のこと			
お母さんの味レシピ			
宝物コレクション			
ファミリーヒストリー			
ペットについて			
これからしたい事			
過去の自分に1通だけメールを送るとしたら			
愛を伝えたい！			

【お金のこと】

	自分	親	子
預貯金			
口座自動引き落とし			
クレジットカード			
借入金			
賃貸			
不動産			
保険			
有価証券			
車・バイク			
年金			

【もしもの時】

	自分	親	子
普段の健康管理			
入院準備リスト			
介護について			
ターミナルケア(終末期医療)について			
事故にあった時亡くなった時			
遺言書について			
死亡後にやることチェックリスト			
葬儀のこと			
解約手続きするもの			
相続名義変更チェックリスト			
墓のこと			
自分を表す言葉			

ライフプランを書いてみよう！

　まず、年表に自分と家族の現在の年齢を書いてみてください。自分が還暦の時親は何歳、子供は高校生、などがひと目でわかり、「子供が15歳までに一軒家が欲しい」「退職から年金開始まで5年、その間どうする？」など、将来に向けた『設計図』のような役割を果たしてくれます。結婚、出産、両親の長寿祝いなど記念の年。住宅ローンの返済や、保険の満期、年金支給開始の年なども書き込んでみてください。私の場合、自分の生命保険の満期の時に生存給付金が入ったら、そのお金で息子に保険をかけてあげよう！　と、計画しています。あと、息子が18歳で運転免許を取るとしたら、その頃私の父親が84歳。父は免許返納、息

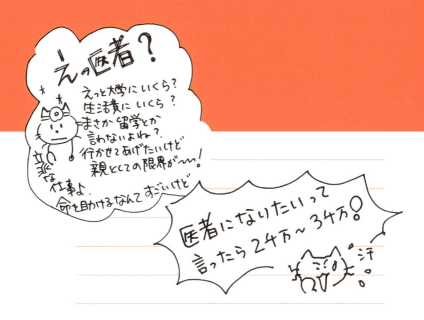

子の運転はまだ下手っぴなんだから、新車を買わずに、おじいちゃんの車にそのまま乗ってもらおう！ などと目論んでいます（笑）。別にかたい内容だけじゃなくて、「息子が医者になりたいと言ったら2000万円いる！ 大学行ったらバイトして!!」と書きこんだりもしています。人生100年時代、このシートが人生設計を楽しく見わたす目安になります。

財前家のライフプランです

ライフプラン

※ 家族の年齢を書こう

西暦	2019	2020	2021	2022	2023	2024	2025	2026	2027	2028	2029	2030	2031
元号	31	2	3	4	5	6	7	8	9	10	11	12	13
じいじ	79	80	81	82	83	84	85	86	87	88	89	90	91
ばあば	78	79	80	81	82	83	84	85	86	87	88	89	90
ママ	53	54	55	56	57	58	59	60	61	62	63	64	65
息子	13	14	15	16	17	18	19	20	21	22	23	24	25
じいじ ばあば		傘寿祝	車どうする？ 傘寿祝					40万		結祝	米寿祝 結祝から2年		冬寿から20万
ママ	芸能生活 35周年 学資保険	36	37	38	39	40周年 残積期 500万	41	還暦 成人式	43	44	45周年	46	年金？47
息子	中学 入学金 制服 自転車			高校 修学旅行 中・高 6年間		車の免許？ 車？	大学 生活費		海外留学も たのむと バイトして！！	大学4年間 14万	結婚？		出産？
息子 ママ保険 個人 ママ 年金			55才満期 解約 年金 20	息子に保険かける！		学資保険 満期	息子が医者になりたい！！ と言ったら なんと 2000万円 いる！ 年金 90						
じいじ ばあば			40 70				40 80		20		生涯保障 生涯保障		
息子に 貯金 ママ 老後貯金 ローン	月1万 年12万 月3万 36	24 72	36 108	48 144	60 180	72 216	84 252	20才で100万にしたい！！ 96 288	108 326	120 360	132 396	432	468

息子に約 100万準備
東京 オリンピック
家10年目 修理 電化製品も いっぺんにくるかも
じいじの車 息子の免許の時に考える？ まさか 空飛ぶ 自動運転車？！
65才から国民年金 年72万で生活できる？ 月6万ぁー

※保険や個人年金は余裕のあるうちに前納しておこう
家のローンのある人も！！
田舎 古民家改造計画

ちりも積もれば山となる！ 息子に月1万、自分老後 月3万 貯金する！ 元気張るぞー！

年金暮らしで病院に入ったらいくらかかるのぉ——

長寿祝（60.還暦. 70古希. 77喜寿. 80傘寿. 88.米寿. 90卒寿. 99白寿 100.紀寿）

2032	2033	2034	2035	2036	2037	2038	2039	2040	2041	2042	2043	2044	2045
14	15	16	17	18	19	20	21	22	23	24	25	26	27
92	93	94	95	96	97	98	㊆	⑩	101	102	103	104	105
91	92	93	94	95	96	97	98	㊈	⑩	101	102	103	104
66	67	68	69	⑦	71	72	73	74	75	76	⑦	78	79
26	27	28	29	30	31	32	33	34	35	36	37	38	39
48	49	50周年	51	52	53	54	55	56	57	58	59	60	61

孫♡

504万

孫♡ 見たい!!

㊗100紀寿 市から10万円　じじばば　日本最高齢目指して元気で長生き ^_^

養育は手がかからなくなる分 金がかかる トホホ…
親としては 楽しい 成長！ ♡

芸能生活 ㊿ 周年 パーティしよう！
ロボット代がいるかも!! 未来も楽しみ♡

わしゃあ 125さぃまで生きるにゃー

ライフプラン ※親族の年齢を入れてみよう

西暦	2020	2021	2022	2023	2024	2025	2026	2027	2028	2029	2030
令和	2	3	4	5	6	7	8	9	10	11	12
●保険											
●年金 ●個人年金											
●子供の学校											
目標											

長寿祝（60還暦、70古希、77喜寿、80傘寿、88米寿、90卒寿、99白寿、100紀寿）

2031	2032	2033	2034	2035	2036	2037	2038	2039	2040	2041	2042	2043	2044
13	14	15	16	17	18	19	20	21	22	23	24	25	26

住所変更・名義変更

☐ 電気	電力　　　　　営業所 TEL　　　　お客様番号
☐ ガス	TEL
☐ 水道	
☐ 新聞	
☐ NHK	
☐ インターネット	
☐ 生協	
☐ 電話	
☐ 携帯電話	
☐ 銀行 ①	
☐　　　②	
☐　　　③	
☐ 郵便局　通帳・カード	
☐　　　　住所変更届	
☐ 子供　学校	
☐　　　児童手当	
☐　　　習い事 ①	
☐　　　　　　②	
☐ 健康保険	役所　個人カード
☐ 年金	
☐ 個人年金	

□ 保険 ①	
□ ②	
□ ③	
□ クレジットカード ①	
□ ②	
□ ③	
□ パスポート	
□ 運転免許　車の保険	
□ 家	
□ 土地	
□ 家の保険	
□ 車	
□ 駐車場	
□ バイク	

このリストは、引っ越しによる住所変更、結婚・離婚で名義が変わったことに伴う各種の手続きをストレスフリーにしてくれます。公共料金、銀行、クレジットカード会社などの連絡先を1枚の紙にまとめて書いておくことで、「探す」「確認する」といった時間がかなり短縮できます。

財ポイント　電気、ガス、水道……住所変更をする際にひとつひとつ連絡先を調べたり、領収書を引っぱり出して「お客様番号」を探す手間は大変ですよね。他にも、故障時の問い合わせ、保険の解約など、日常生活で起こり得るさまざまな場面でこの連絡先リストは役立ちます。

デジタルには落し穴が！アナログで管理

　WEBサイトのID、ログインパスワード、ロック解除パスワード、LINEのIDなどなど。また、保険や電話の契約会社や料金プランなど、今の生活はネットなしでは物事が進みません。だから、しっかり管理しておきましょう。しっかり、というのは紙に書き残すということです。今、デジタル化で、預金通帳もだんだん使わなくなり、最近は子供が通う学校や塾の連絡も、スマホやタブレットに送られてくることが普通になりました。そのため、保護者メールを開くのにさえパスワードが必要です（学校教材にタブレットを使うことも増えましたし……）。

　生体認証化が進んでいるとはいえ、ビットコイン、QRコード決済のPayPay、LINEPayなど、お金を扱うツールに関しては特に、IDや、パスワードを書き残して万が一の時に慌てないようにしましょう！

　私自身も経験しましたが、油断がならないのは、子供が勝手にパスワードを変えてしまったりすること。そうなると親が把握できにくいので、時々お子さんに聞いて確かめてくださいね！

　デジタルの管理をどう上手にやっていくか、これから生活していく中で、一番重要になっていくと思います。

デジタル住所録

【自分】

ふりがな 名前							
生年月日	西暦	年	月	日	血液型		型
現住所	〒　－						
本籍	〒　－						
自宅電話番号				FAX番号			
携帯電話番号				携帯アドレス			
携帯パスコード							
パソコンログイン パスワード							
勤務先や学校名称							
所在地							
電話番号				FAX番号			
会社アドレス							
ホームページ				パスワード			
その他 フェイスブック インスタグラム　LINE							

万が一の備えとしても、デジタル管理は非常に重要です。パソコンやスマホの中の写真や書類は、見られたくないものもあれば、記念写真など家族に残したい、知らせたいデータも。ネットのFXで遺族が損失に気づかない悲劇なども起きている今日、備えるに越したことはありません。パスワード解除業者は高額ですし、端末機器のIDやパスワード、契約しているネット証券の名前、ID、パスワードは書いて残しましょう。見てほしい大事なフォルダ名なども書いておけば親切です。

財ポイント　親と自分のことはファイルで管理していても、子供のパスワードは盲点。ゲームのログインができない！　などで騒ぎになったりします。書き留めるくせをつけて、ストレスフリーに！

【子供】

名前 (ふりがな)						
生年月日	西暦	年	月	日	血液型	型
マイナンバー				パスワード		
住所						
健康保険	記号-番号					
パスポート	旅券番号					

学校名	TEL	
	保護者メールアドレス	パスワード
【習い事】スイミング塾など	TEL	担当
	TEL	担当
	TEL	担当
【通信教育】		パスワード
【GAME】任天堂プレステなど	ネットワークID	パスワード

スマートフォン	番号	パスコード
	メール　　　　@	パスワード
	LINE	
	インスタグラム	
	フェイスブック	
	Google	
	Yahoo!	
iPadなどタブレット	番号	パスコード
	メール　　　　@	パスワード

おつきあいリスト thank you♡

日付	(例)出産祝い お中元　など	金額	返礼	済
2018/4/6	(例)○○さん息子入学祝い 商品券とタオル	5,000	おかしと商品券 （2,000円）	OK

結婚祝いや香典は、いちどきにいただくので、整理しやすいのですが、お見舞い、発表会にお花を頂いた、昇進祝、ご近所からの出産祝いなど、忘れがちなものは、どんどんこのリストに書きこみます。金額、品物の内容も忘れずに。

財ポイント ご近所からの七五三のお祝いなど、すぐにお返しするのも水くさい場合、来年その家のお子さんが小学校に入学、などとメモっておくとスムーズにお返しができますね。このページは、いちばんヘビロテするかもしれません。

命日リスト

【　　　家】

(例)父方の祖父	名前	命日	享年	法要

●一般的な法要●

仏教法要	神式法要	キリスト教
1周忌	1年祭	3日
3回忌	3年祭	7日
7回忌	5年祭	30日
13回忌	10年祭	1年
23回忌	20年祭	
27回忌	50年祭	
33回忌		
37回忌		
50回忌		

命日リストを作ることもおすすめです。親族の亡くなった日が一覧になっていると、毎年いつ誰の法事があるか一目でわかるので、これは日常的にとても便利だと思います。

それぞれの法要のしきたりや、自分自身の法事のときのお布施や玉串料の金額や、何回忌までやってほしいという希望。さらに誰を呼び、場所はどこにするかといった事まで書いておくと、なおいいと思います。

置き場所リスト

	（例）たんすの中、2番目の引き出し、米びつの中、家の金庫　など
マイナンバーカード	
マイナンバー通知カード	
健康保険証	
お薬手帳	
印鑑登録証	
実印	
登記簿	
家と土地の権利証	
年金手帳	
個人年金証書	
保険証券	
〃	
〃	
〃	
預金通帳	
〃	
〃	
〃	
〃	

銀行印	
カード	
パスポート	
運転免許証	
車の鍵	
貸金庫の鍵	
家の金庫の鍵	
家の鍵(予備)	
会員権など	
遺言書	
へそくり	

保管場所を書き残すことに関しては、セキュリティの観点から問題があると考える方もいます。でも、自分が「もしも」の時に、家族が困らないようにしておきたいという考え方も間違いではないと思います。保管場所の多くは家の金庫、タンス、棚、押し入れ。それも1カ所ではなく、あちこちに分散して保管していることも……。貯金通帳や実印、保険証券、登記簿、土地の権利証といった重要書類などは、銀行の貸金庫に保管していると安心ですが、保管場所の記入については、よくご検討ください。

財ポイント 私は保険証券、銀行カード、通帳(表紙部分)、運転免許証など、万が一ホンモノを紛失した時のためにすべてコピーを取って、ひとつのファイルにして保管しています(笑)。「ありがとうファイル」の保管場所は、防犯、火災対策にもなる家の金庫が、ひとつの正解だと思います。

防災避難チェックリスト

必要なもの	日常生活で使うものを普段からチェックして備えておきましょう
☐ 非常持ち出し袋	☐ 飲料水　☐ 缶詰(プルトップ式)　☐ レトルト食品 ☐ インスタント食品　☐ 飴、チョコレートなど
☐ 現金	電子マネーは使えなくなる可能性大 ☐ 小銭(公衆電話用、子供に教えておく)
☐ ありがとうファイル	通帳、印鑑、カード、保険証券など (たとえ原本が失われても必要な情報が見られる)
☐ スマートフォン	☐ 充電器(太陽光式や手回し充電ラジオがあればさらに良い)
☐ 携帯ラジオ	☐ 乾電池 (上記の手回し充電ラジオで、乾電池も対応の物が安心)
☐ 筆記用具	☐ 油性マジック　☐ メモ帳
☐ LEDランタン	☐ 人数分の懐中電灯
☐ 身を守る道具	☐ ヘルメット　☐ 軍手　☐ マスク　☐ タオル ☐ ロープ　☐ ホイッスル
☐ 給水用ポリタンク	避難所で使う
☐ カセットコンロ	☐ ガスボンベ(多めに)　☐ なべ ☐ ライターかチャッカマン　☐ 万能ナイフ類
☐ ラップフィルム	食器に敷く、体に巻いて保温、止血など、あると便利
☐ 食器	☐ 紙皿　☐ 紙コップ　☐ 割り箸
☐ ティッシュペーパー	☐ ウェットティッシュ
☐ 簡易トイレ	☐ トイレットペーパー
☐ 救急用品	☐ ばんそうこう　☐ 消毒液　☐ ビワの葉エキス (切り傷、やけど、かゆみ、虫刺されなど万能)
☐ 防寒グッズ	☐ カイロ　☐ 毛布
☐ 衣服	☐ 下着　☐ 靴下　☐ 長袖・長ズボン　☐ スニーカー ☐ 長靴　☐ 雨具
☐ ビニール袋(ごみ用など)	☐ 簡易トイレや雨具、敷物として使える
☐ ビニールシート	☐ 布粘着テープ
☐ 女性用品	☐ 生理用品　☐ くし、ブラシ　☐ 化粧品
☐ 高齢者用品	☐ 紙おむつ、紙パンツ　☐ 入れ歯　☐ 介護用品 ☐ 薬　☐ 眼鏡　☐ 補聴器
☐ 赤ちゃん用品	☐ 粉ミルク　☐ 哺乳瓶　☐ 離乳食　☐ 清浄綿 ☐ 紙おむつ

財ポイント　実際に何か起きた場合、どこに何が置いてあるか。しっかり把握しておくことが肝心です。とくに非常時に必要な防災グッズ一式、通帳、印鑑、保険証書といった重要なものは、すぐに持ち出せるように準備しておくことをおすすめします。

伝えたい！

親も子も忙しい今の世の中、
落ち着いて家族に伝わる何かを
口伝えするチャンスは少ないかもしれません。
親がいなくなってから
「ちゃんと聞いておけば良かった」と悔やまないように、
家族の歴史を「採集」しておきましょう。

お母さんのレシピや家紋など我が家の「伝統」を見直す

　普段なにげなく食べている家庭の料理も、口や頭では覚えていても、いざ再現しようと思った時に、あれっ？　ということがありますよね。私自身、自分がよく作っていた料理も、しばらく作らなかったら忘れてるんです（笑）。醤油でも、味噌でもメーカーや種類で味が違いますし。
　息子が結婚する時、お嫁さんに「たまにはこの中のレシピで作って食べさせてあげてね」と渡したいです。もちろん、息子が作ってお嫁さんや子供と食べたりして、お互いの家の味を交換すると食のコミニケーションもできて、楽しいですよ。
　それから、意外に知らないのが、家族のルーツ。

　お盆やお彼岸などに、お墓参りに行くけれど、「家の家紋」知っていますか？

　日本にしかない、しかも、偉い人から農民まで、家紋がありました。私は、家紋ってカッコいい！と思っています。

　今は紋付の着物もあまり着なくなりましたが、なくしてしまうのは勿体ないと思います。せめて、「ありがとうファイル」の中に残しておいてください。もし、わからないという人は、御先祖様のお墓参りの時に、半紙と鉛筆を持って行き、お墓の家紋に紙をあて鉛筆でスリスリしたり、写真に撮っておきましょう。

ファミリーヒストリー

【あなたの先祖について】
先祖に有名な人がいた
祖父母のこと
覚えている言葉など

【家紋（　　　　　　）】

私は、NHKの『ファミリーヒストリー』という番組に出たことで、先祖のことを知ることができて良かったなあ〜と思いました。歴史を辿ったら、歴史上の人物と話したことがある先祖がいるかもしれない。そんな発見があったら楽しいです。それに、調べたことを次の世代に伝えることも大事なことだと思います。その家族にしかないことですから。

財ポイント 最近、紋付の着物もあまり着ませんね。でも先祖代々の家紋や屋号などを継承していくことは、大事だし、カッコいいこと。祖父母から父母へ。父母から私へ、伝え聞いた話を書き留め、次世代へと語り継ぐことも、人の重要な務めだと思います。

祖父が戦争でいただいた金鵄勲章も、知らずに危うく捨てるところでした。
戦争という負の遺産を忘れないためにも残し、語り継ぎたい。

お母さんの味レシピ

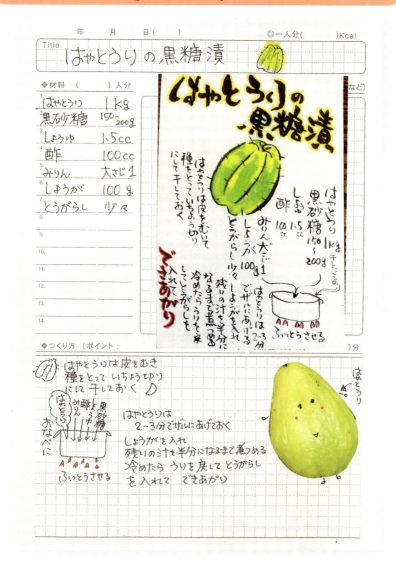

家庭料理、おふくろの味というのも、子供に残してあげたいもののひとつです。私が普段作っている家庭料理は、私の母の味でもあるし、代々受け継いでもらえたらいいな、と。カレー、ハンバーグ、肉じゃがなど、子供が好んで食べるものから、自分の手料理で子供が喜んでくれるもの、そういう普通の家庭料理のオリジナルレシピを残したい

と思っています。完成した料理の写真を撮って載せたり、自分でイラストを描いたり……。今、何でもスマホで調べられる時代だけど、そういうものをちゃんと残して、自分の味が子供の代、孫の代へと受け継がれて再現できることができたら素晴らしいですよね。

お母さんの味レシピ

Title

材料(　　　　　)人分　　仕上がりイメージ（写真やイラスト）

①
②
③
④
⑤
⑥
⑦
⑧
⑨
⑩
⑪
⑫

作り方（ポイント　　　　　　　）　所要時間（約　　　分）

宝物コレクション

種類	思い出	保管場所	渡す人等希望

レコード、CD、DVD、本、洋服など、趣味で集めた"お宝"や"コレクション"は誰でもお持ちだと思います。でもその価値がわかるのは本人だけで、家族にはよくわからない。

じつは遺品整理をする時にいちばん悩むのが、故人の所有物の扱いです。捨てていいものなのか、残しておいて欲しいものなのか、判断がなかなか難しい。あらかじめ宝物の扱い(希望や処分方法)について記載しておけば、家族の負担はかなり軽減されます。

財ポイント お宝がどういうもので、どのくらいの価値があるものかを記載しておくといいですね。例えば、箱に入れてしまってある器は「伊万里です」とか。それに、「〇〇だけは残して、その他はすべて処分してください」といったメッセージがあると助かります。

財前家は食べる事が生きる事。手作りにこだわります

家で獲れるジューシーなかぼすや、父が育てた大根など、季節の恵みを獲れたてはもちろん、砂糖漬けやお漬物などの保存食にもして無駄なくいただきます。ぜんざいやふくれまんじゅう（写真上の右と左）など、おやつも手作り中心。

先祖の気持ちが温かいお気に入りのはぎれスカート

私は祖母、母の着物のはぎれをスカートに仕立てて蘇らせることにしました。祖母たちの魂をもらったような、守られるような、大事なスカートになりました。

デビュー以来の
仕事の記録がここに

出演ドラマや映画のスタッフクレジットや取材記事の切り抜き、共演者からいただいた手紙など。下はドラマ『QUIZ』の衣装。自前はとても珍しいのです。

ペットについて

写真を貼って下さい

種類

名前　　　　　　　　生年月日　　　　　　性別

血統書あり（　　　　　　　　　に保管）

　　　なし

エサ　いつものエサ

　　　好きなエサ

　　　嫌いなエサ

病気・けが

避妊手術・去勢手術

飼育場所

かかりつけの病院（　　　　　）病院		TEL	場所
ペット保険　　（　　　　　）保険		TEL	
保険の内容や請求方法など			

ペットホテル	TEL	場所
サロン	TEL	場所

もしもの時の希望

まずはペットの写真を貼る。そして種類、名前、年齢、血統書、いつも食べているエサの商品名や好きな食べ物、嫌いな食べ物などの基本情報を記入しましょう。飼い主は万が一、自分が死んだ後、残されたペットを引き継いでもらうための準備は必要です。過去にかかった病気、避妊手術をしたかしないか、ペット保険の加入の有無や保険の内容、かかりつけの病院や美容室の名前や連絡先なども書いておくこともお勧めします。

財ポイント ペットは家族の一員です。とくに面倒を見てくれる家族がいないお一人様は必須かもしれません。「もしもの時はお願いします」と、託せる人が決まっていたら、より安心できますからね。

親へのインタビュー

名前		生年月日	年　月　日	血液型	型

旧姓　　　　　　父の名前　　　　　　母の名前

本籍

子どもの頃の夢は?

どんな子どもだったの?

お父さんはどんな人だった?

お母さんはどんな人だった?

叱られたことは?

あなたの父母がよく言っていた「語録」は?

思い出に残っていることは?

資格

なぜその資格を取ったの?

結婚の時言われたこと、持たせてくれたものは?

あなたの幸せとは?

この先の心配事は?

子や孫に言っておきたいことは?

捨てられたくないものは?

嫌なことは?

好きなことは?

健康の秘訣は?

自由に書いてください。先祖のことや伝えておきたいことなど

健康状態		身長　　　cm	体重　　　kg
過去にかかったことのある病気は		年	月頃

ふだん必ず飲む薬は?
介護されることになった時どうしたい?
認知症になった時、どうしたい?
病名、余命の告知はどうしてほしい?
延命治療はどうしたい?
臓器提供はしますか?
こんな最期を迎えたいというイメージは?
自分が意思表示できなくなった時、代わりに判断してほしい人は?
今まで生きてきたなかで一番おいしかった食べ物は?
お気に入りのものは?
大好きな人は?
大事にしている宝物は?
どこか行きたいところはありますか?
明日、地球が消滅するとしたら何をしますか?
何を食べたい?　　　　　誰に会いたい?
心残りはありますか?
後悔していることはありますか?
子どもや子孫に教えたいことは何ですか?
知っていてよかったこと、知恵は何ですか?
この先100歳まで何をしますか?
楽しむためのコツはありますか?
生まれ変わったら何になりたいですか?
未来の地球はどうなっていると思いますか?

「自分で書くのはハードルが高くて悩んでしまうけど、聞いてくれたら話せる」という母の意見から、両親のプロフィール聞き取りは、インタビュー形式にしました。

財ポイント　お盆や正月など、家族が集まった時に聞いてみたらいかがでしょうか? 意外に知らない親の事が聞けて楽しかったですよ!　同じように、自分インタビューもぜひ。

これからしたい事 —自由に書いてみましょう—

例えば、60歳で書く場合、90歳まで生きるとするとあと30年もある。書き出した年齢によっても変わってくるので、まずは【10年後の自分へ】をテーマに自由に書いてみてはいかがでしょうか。趣味だったら、「お花を習いたい」でもいいと思います。10年後に見返した時、「この習い事は続いているわ」と思えれば楽しいです。「1000万円貯金する！」といった具体的な目標もあり（笑）。皆さんにとっての【10年後ファイル】といった感じです。

財ポイント ちょっと笑いがあるくらいのほうが書くのも楽しめると思います。ちなみに私は、「息子ばなれする」ことを今いちばんの目標として書いてます（笑）！

過去の自分に1通だけメールを送るとしたら

財ポイント 息子おすすめの、過去と向き合い、今を生きるためのメールです。ちなみに息子の場合……3年前の自分へ:「あの時亀を日光浴に出さなければ、熱中症で死ななかったよ」だそうです。

愛を伝えたい！

　　　　　さんへ

　　　　　さんへ

　　　　　さんへ

　　　　　さんへ

私は自分の人生の中で「ありがとう」と言っておきたい人に、感謝の気持ちを伝える言葉を残したいと思っています。それは家族、友人、仕事仲間であったり……。言葉を残すことで、自分の人生を振り返ることもできます。そして自分が死んだ後、このファイルに書いた言葉が愛のメッセージとして、その人に伝われば嬉しいですね。

財ポイント　そう考えると、私、「ごめんなさい」を伝えたい人もいるな〜。ここに書くことでちょっと気持ちが救われるかも（笑）。「ありがとう」と伝えたい人には感謝の言葉。「ごめんなさい」を伝えたい人にはお詫びの言葉を書いておくのはいかがでしょうか。

お金のこと

お金の使い方、貯め方は生き方そのもの。
たとえばクローゼットの中の服を全部出すと
自分の買い物のクセがわかりますが、
同じように、ファイルの力を借りて
「自分とお金」を、いったん洗い直してみませんか。
反省も含めて良いヒントが手に入ると思います。

お金を見直せば人生見えてきます

　家にある、すべての通帳や印鑑、保険証券、登記簿、いろいろな所に隠しているのを出してみてください。まさか、米びつ、冷蔵庫、仏壇、植木鉢、ゴルフバッグなどにしまい込んでいませんよね？　大事な金庫の番号を、新聞広告の裏に書きつけたりしていませんか？

　口座、証書など、それぞれの番号を書くのが面倒くさい人は、通帳や保険証書の番号がわかる箇所をコピーしておきます。さらに、クレジットカードの明細、保険証券や登記簿等もコピーして、とにかくファイルに放り込んでください（これができるのもファイルの便利な点！）。財布の中の運転免許証や健康保険証、ポイントカード類もまとめてコピーしておけば、財布を失くした時などにも役に立ちます。

山田畑家
ここから見えるの全部
うちの山じゃ〜

じいちゃんうそばっかり
本家に借りてただけ
じゃんか〜

うわーん

　書き出すことで、ほとんど使っていない預金口座とか年会費を払い続けているクレジットカード、行かないのに毎月口座から引き落とされているスポーツクラブの会費なんかも整理して、生活をスリム化するきっかけになるかもしれません。

　私の場合、まず自分の生命保険が満期の時に生存給付金が入ったら、そのお金を息子のために使おう！　と、すでに計画を立てています。

　お金のチェックは、今のムダを将来の価値へと変えてくれます。

古い通帳の処分は？
使用済み
☆個人情報はマジックで塗りつぶす
☆届印は特に注意
☆シュレッダーで処理
　裁断したものを新聞紙などに包んで
　ゴミ袋に入れる
　↳燃えるゴミで出す
　2〜3年ほど保管するとよい

預貯金

①		銀行	支店・番号	
	口座番号	普 定期 積立		
	取引先電話番号	(	)	
	名義人		印	
	カード	有 ・ 無	暗証番号	
	ID		パスワード	

②		銀行	支店・番号	
	口座番号	普 定期 積立		
	取引先電話番号	(	)	
	名義人		印	
	カード	有 ・ 無	暗証番号	
	ID		パスワード	

③		銀行	支店・番号	
	口座番号	普 定期 積立		
	取引先電話番号	(	)	
	名義人		印	
	カード	有 ・ 無	暗証番号	
	ID		パスワード	

口座があるすべての金融機関の名前と連絡先、ネットバンクであればID、パスワードも記入。そしてその口座に紐づけられた引き落としも忘れずに。たとえば、公共料金、クレジットカードの引き落としはこの口座、各種保険の月々の支払いはこの口座……と、それぞれに書いておきます。さらに、通帳と銀行印の保管場所も明記しましょう。

財ポイント 引き落としなど、口座をどのように利用しているか明記しておけば、故人の支払いや振込情報などをチェックする際に家族も助かります！

親が子供の保険や通帳の手続きするとき
子供の身分証明は
郵便局は保険証がGood

休眠口座 動きがないと
10年空くとロックされる

口座自動引き落とし 一番使用している口座

亡くなると凍結されお金を動かせなくて困る口座　自動引き落としもできない

金融機関		銀行	支店	普
口座番号		名義		印
Web ID		カード	有 ・ 無	
パスワード		暗証番号		

項目	入金	出金	引落日	備考
電気				
ガス				
水道				
電話				
携帯電話				
インターネット				
新聞				
NHK受信料				
健康保険				
年金				
家賃				
ローン引き落とし				
保険				

銀行など金融機関は、死亡したことを知った段階で、その人の口座を凍結します。そうなると凍結された口座からは現金が引き出せません。また、各種自動引き落としもできなくなります。事前に、それぞれ項目ごとに会社名と連絡先。そして何がどの口座から引き落とされているか、金融機関の名前と連絡先を書いたリストがあれば、家族は支払い方法の変更や解約手続きをするときに非常に助かります。

財ポイント　ネットバンクを利用している場合は、WEB ID、パスワードも記入。公共料金などをクレジットカードで支払っている場合は、そのカード会社の名前と連絡先を書いておきましょう！

クレジットカード

カード	入金	出金	引落日	備考

所有する各クレジットカード会社の連絡先。最近は公共料金をクレジットカードで支払う方も多いでしょう。支払い先などの名称とその連絡先も書いておく。また、日常の食料品や交通費、子供の教育に関する支払いなど、ポイント還元率によってカードを使い分けている方もいます。それぞれ使用しているカードの平均的な月々の支払い額も書いておけば、自己チェックを兼ねた整理もできます。余裕があれば最新のポイント数なども。

財ポイント 休眠カードはこのさい解約するのも手！　クレジット機能がないものも、Tカード、nanako、Pontaなどの情報（名称、番号、連絡先、貯まったポイント数）は書いておくのもありですね。たくさんポイントを貯めたまま、使わずに亡くなる方もいますから。

> ポイントカードなどの会費も毎年引かれるので亡くなった方の通帳やカード明細の確認をしましょう

借入金

①
借入先			連絡先	
借入日	年　月　日		借入額	
返済方法			担保の有無	無・有（　　　　　）
借入残高	（　年　月　日現在） 円		借入目的	

【その他のローン キャッシング】

日付	借入先	連絡先	借入残高	備考

メモ	

【保証債務（借金の保証人など）】

保証した日	年　月　日	保証した金額	円
主債務者（あなたが保証した人）		連絡先	
債務者（お金を貸した人）		連絡先	
メモ			

住宅ローンなどに代表される"借入金"に関する情報は、しっかり書いておきましょう。借入先の連絡先（銀行や信販会社など）、金額、返済方法、完済予定日（○年○月）、担保があるかないかなど、最低限の基本情報は必須です。また、借金の保証人になっている人は、そのことをちゃんと家族に伝えておかないと後で迷惑をかけます。もし親が保証人のまま亡くなったら、遺族が引き継がなきゃいけないことにも……。

財ポイント 理想は親と一緒に書くこと。「もし借金があるなら、今から少しずつでも返済したほうが家族は助かるから」と、子供からそっと聞いてみるのもひとつの方法です。

保険 ※クレジットカードに付いている保険も書いておこう。

□ 保 険 □	生命保険 コールセンターTEL [　　　　　]	証券番号 死亡受取人 指定代理請求人	死亡　　　　　円 傷害　　　　　円 入院・事故1日〜 病気1日〜 毎月　　円引き落とし
□ 保 険 □	生命保険 コールセンターTEL [　　　　　]	証券番号 死亡受取人 指定代理請求人	死亡　　　　　円 傷害　　　　　円 入院・事故1日〜 病気1日〜 毎月　　円引き落とし
□ 保 険 □	生命保険 コールセンターTEL [　　　　　]	証券番号 死亡受取人 指定代理請求人	死亡　　　　　円 傷害　　　　　円 入院・事故1日〜 病気1日〜 毎月　　円引き落とし
□ 保 険 □	生命保険 コールセンターTEL [　　　　　]	証券番号 死亡受取人 指定代理請求人	死亡　　　　　円 傷害　　　　　円 入院・事故1日〜 病気1日〜 毎月　　円引き落とし

生命保険、医療保険、入院保険など、加入しているすべての保険会社の連絡先、証券番号、契約内容、毎月の支払い額などを書いておくことは重要です。1冊のファイルにまとめておくと、保険の見直しをする時にとても便利です。もし自分に何かあった場合、家族も請求手続きがしやすいので負担も減ります。

財ポイント　自分自身がどんな内容の保険に入っているか、ちゃんと把握していない人も案外います。ましてや、自分が加入している保険を家族が知らないことはざらです。どういう保険に入っているか。自分や家族のためにしっかり書いておきましょう！

年金

		基礎年金番号	歳～ 円
国民年金	TEL [　　　]		
（　　）	TEL [　　　]	基礎年金番号	歳～ 円
個人年金	TEL [　　　]	証券記号番号	歳～ 年額　　～ 保証内容 毎月　　円引き落とし
（　　）	TEL [　　　]	証券記号番号	毎月　　円引き落とし
（　　）	TEL [　　　]	証券記号番号	毎月　　円引き落とし

公的、民間を問わず、加入している年金の名称と番号、連絡先などは必ず記入しておきましょう。民間の年金は、契約内容、毎月の支払い額なども書いておけば、保険の見直しをする時にも便利です。将来的に、公的年金の支給額はどんどん減ると思われます。それを補うために、今余裕があれば民間の個人年金に入っておくのも老後対策のひとつです。

財ポイント 公的年金の給付は2か月に1度。偶数月の15日に前月と前々月の分が振り込まれます。例えば、受給者が7月1日に亡くなった場合、6・7月分は8月15日に振り込まれ、この年金は遺族が受け取って良いことになっています。公的年金は後払いの形になっているため、いつ死亡しても未支給年金が発生するので、年金事務所などで、必ず未支給年金請求の手続きをするようにしましょう！

不動産

①	種類	☐ 土地　☐ 建物　☐ マンション・アパート ☐ 田畑　☐ その他（　　　　　　　　　　　）
	どんな不動産	
	名義人 ①	持ち分
	②	持ち分
	所在地	
	登記簿 記載内容 地番や家屋番号	抵当権　☐ 設定なし　☐ 設定あり（　　　　　）
	保険	

②	種類	☐ 土地　☐ 建物　☐ マンション・アパート ☐ 田畑　☐ その他（　　　　　　　　　　　）
	どんな不動産	
	名義人 ①	持ち分
	②	持ち分
	所在地	
	登記簿 記載内容 地番や家屋番号	抵当権　☐ 設定なし　☐ 設定あり（　　　　　）
	保険	

所有する不動産の情報（名義、土地、建物の大きさ、賃貸しているなら不動産会社、坪単価など）については、しっかりと明記を。所在地とは別に戸籍謄本どおりに地番や家屋番号を記載しておく事。登記簿、売買契約書などの保管場所も意外に不明になりがちなので忘れずに。取得原因が相続か購入かも後に大切になります。死後、所有する土地・家屋をどうしたいか（無理に受け継がず、売却してお金を分けなさい、など）があれば、相続登記などの際、家族の負担は軽減されます。

財ポイント　「相続登記」には、登記簿をはじめ、戸籍謄本、相続人が複数人（兄弟、姉妹など）いる場合、全員の印鑑証明など、たくさんの書類が必要です。変更手続きが完了するまでに1ヶ月ぐらいかかるので、迅速に対応することをお勧めします。売買契約書や領収書がないと、将来売却時に税務上の不利を受けることも。

もしもの時

大事な人の死後、あれがない！ これが見つからない！
という状態に陥ると、
家族を余計に辛くさせ、
税務のミスなども起こりかねません。
後に残る人たちが安心できる、
整理された形で残してあげることが、現代のマナーです。

家族が困らない最低限の「意志表示」がストレスを軽くする

　自分が〝もしも〟の時に、家族が困らないようにしておきたい……そう考える人はきっと多いはずです。例えば、がんになった時、告知してほしいか、してほしくないか。最近は、告知する病院が増えてきたとはいえ、本人に告知すべきかどうか。家族はいざとなるとどうしたらいいのか、急な判断に困るという点では、昔も今も変わりません。
　そして延命治療、臓器移植を希望するのか、しないのか。これも本人の意思がしっかりと確認できれば、家族は判断に困らない。
　私の希望はといえば、命ある限り普通の生活をしたいと思っています。息子や友達とお別れできているのであれば、延命治療を望みません。「もういいよね」と、お互いが通じ合っているのであれば、もうしなくてもいいと、個人的には考えて

困った困った こまどり姉妹

います。脳死状態になった時にどうするか。自分の意思を事前に伝えておく意味で、終末期医療のことについても書いておくべきことではないかと思います。

さらに、自分が死んだ後の家族へのケア。とくに遺言書の有無は伝えておくべきだと思います。それから預金通帳や実印、保険証券、登記簿、土地の権利証といった重要書類の保管場所を、書いて残しておくことも、家族を困らせないための重要項目になります。

死後、家族が家中を探し回ったけど、「実印だけは見つからなかった……」という話も聞いたことがあります。私は「ここに書いてあったので助かった〜」と、思ってもらいたい。"もしも"の時の備えは、家族の負担を減らす大事なツールです。

普段の健康管理 持病や薬について

【かかりつけの病院】

病院名		病名	
主治医		電話番号	
所在地			
病院名		病名	
主治医		電話番号	
所在地			
病院名		病名	
主治医		電話番号	
所在地			
病院名		病名	
主治医		電話番号	
所在地			

とくに持病のある人は、病名、かかりつけの病院名と連絡先、主治医の名前がわかれば、記入しておくと安心です（入院や介護施設に入る時、必ず尋ねられます）。服用中の薬は、「お薬手帳」や薬局で出される薬の一覧表などを見て書き写すか、コピーを。歯科医、耳鼻科医、とかかりつけが複数ある場合は、診察券のコピーを貼っておくだけでもOK。

財ポイント 今は持病がないという人も、血液型、アレルギー、既往歴、過去に行った手術などは記入しておくと、万が一の時に備えになります。自分のためというよりも、手助けしてくれる家族が困らないために書いておいて損はないと思います。

【持病と薬】病名・症状など

【その他】血液型・アレルギー　過去に行った大きな手術など

入院準備リスト

- ☐ 健康保険証　☐ 診察券　☐ 高額療養費限度額適用認定証などの証明書
- ☐ 現金
- ☐ 印鑑（入院同意書などの書類に署名捺印するため）

【入院生活に必要なもの】

- ☐ パジャマ　☐ 病院のレンタルサービスを利用する
- ☐ 病院指定（前開きなど）
- ☐ ガウン、カーディガンなどの羽織るもの
- ☐ 替えの下着　2～3日分
- 洗濯　☐ 自宅で洗濯する　☐ 病院のサービス利用
- ☐ タオル　☐ フェイスタオル2～3枚　☐ バスタオル1枚
- ☐ レンタルサービス利用
- ☐ 歯ブラシ　歯磨き粉　☐ 入れ歯用（ケース、洗浄剤）
- ☐ コップ
- ☐ シャンプー　☐ コンディショナー　☐ ボディシャンプー
- ☐ スポンジや体洗い用タオル
- ☐ ティッシュペーパー
- ☐ スリッパ（病院により禁止しているところもあるので確認）
- ☐ 薬　現在使っている内服薬、塗り薬　☐ お薬手帳
- ☐ 常用サプリメント
- ☐ 筆記用具　☐ ボールペン　☐ メモ帳　病状の説明などメモを取る
- ☐ A4クリアファイル（医師からの説明コピー、検査票などを入れる）
- ☐ スマートフォン　☐ 端末用充電器
- ☐ テレビ・ラジオ用イヤフォン　☐ 1,000円札（テレビプリペイドカード用）
- ☐ ラジオ（深夜や、同室の人の声を聞きたくないとき）
- ☐ 洗濯ばさみ
（タオルなどを干す時、ナースコールのケーブルをベッドの柵に固定など）
- ☐ S字フック（バッグやレジ袋を下げるのに便利）
- ☐ 読書用LEDライト（乾電池式で照らす範囲が狭いものがあると便利）
- ☐ ティーバッグ　日本茶　紅茶

- ☐ 箸、スプーン、フォーク（使い慣れたものがあれば）
- ☐ 大きめのポストイット（ベッドを離れる時など看護師さんや家族への伝言に）
- ☐ シェーバー　男性　☐ 生理用品　化粧品　女性
- ☐ ウェットティッシュ
- ☐ 清拭剤（お風呂に入れない時、体を清潔に保つのに使用）
- ☐ 大人用おむつ　☐ 病院のレンタルサービスを使用
- ☐ おしりふき

【出産などの入院】

- ☐ ガーゼハンカチ　☐ おっぱい用　☐ 赤ちゃん用
- ☐ 時計やストップウォッチ　またはスマートフォン（陣痛の時間を計る）
- ☐ 靴下　☐ 携帯用カイロ（冷え性の人）
- ☐ 退院時に着るもの
- ☐ お母さん用　☐ 靴も忘れずに
- ☐ 赤ちゃん用　☐ 短肌着　☐ 長肌着　☐ おむつカバー
　　　　　　　☐ ベビードレス　☐ おくるみ
　　　　　　　☐ おしりふき　☐ 汚物入れ

その他、自分で必要なものを書きましょう。

突然の事故などで家族があわてて入院準備をしても、すぐにに必要なものが思い浮かばないし、「あれを忘れてた！」ということになりがちです。病院によって規則が異なる部分もありますが、我が家の経験も踏まえて作ったこのリストでチェックしてみてください。退院時に着るもの、靴がない、というのはよくあるウッカリです。

本人の気に入っている肌触りのよいタオル、肌がけなどもお勧め。私は冷えやすいので、出産の時、電気アンカを持っていきました。温かくて助かりました。

介護について

誰かが判断しなくてはならない場合
[　　　息子や母　　　]の意見を尊重して決めて下さい

介護されることになった時（自宅がいい　ヘルパーなどのプロ　病院・その他の希望）
　　なるべく自宅にいたい。家族が大変だから
　　プロの人にお願いする。　　　　　　　グループホーム
　　　　　　　　　　　　　　　わからなくなったら施設に

介護する人に伝えたい事
　　　　　　　　　家族が大変な時はヘルパー
　何でも話して欲しい。笑わせて欲しい。　　　嫌がってもいれていい。

介護のための費用（私の預金から・保険から　など）金のかかり
　　私の預金、保険をつかって下さい。

自分で財産の管理ができない時
（　母か息子　　　　　　　）さんへお願いします

代理人や任意後見人契約をしている場合		
名前	電話	間柄
契約の内容	（　していない　）	
書面の保管場所		

食べ物について（アレルギー　苦手な食べ物　好きなもの）
　　季節を感じる食べ物が食べたい。　和食、野菜が好き。

身のまわりのこと（苦手なこと・好きなタオル・におい）
　　　　　　　　　　　　　　　　香水や柔軟剤などの
　　不潔は嫌だ　清潔にして欲しい　　強すぎる匂いは嫌

呼び方　　なおみちゃん

して欲しいこと　して欲しくない事
　　笑わせて欲しい。おこらないで欲しい。やさしくして欲しい。

病名、余命の告知
　　　　　告知して欲しい

延命処置の希望
　　　　息子と相談　今は、延命しなくても良いと思っている。

尊厳死の希望
　　　　　自然な死が・嬉しい。

臓器提供や献体（ドナーカード　アイバンク登録など）
　　　　　していない。

わたしの考えや気持ち
　　　　日々　笑う事。自分で出来る事は自分でする。
　　　　病気に感謝する事。
　　　　生きている今を大切にする事。
　　　　家族で過ごせる時間を大切にする事。

　　　　息子よ。
　　　　　まずは自分が大事である。
　　　　　自分を大切、大事にする事。
　　　　己犠牲にしてまで母に尽くすな！！

　　　　あなたの幸せが母の幸せである。

家族にまかせる
　だけど　管を挿入してまでしなくても
　自然にまかせるからね
　よろしくね

臓器提供
望ましい年令　心臓　　50歳以下
　　　　　　　肺　　　70歳以下
　　　　　　　腎臓　　70歳以下
　　　　　　　ひぞう　60歳以下
　　　　　　　小腸　　60歳以下
　　　　　　　肝臓　　なし
アイバンク　　年令制限　なし

介護について

誰かが判断しなくてはならない場合
[　　　　　　　　　　　　　　]の意見を尊重して決めてください

介護されることになった時
（自宅がいい・ヘルパーなどのプロ　病院・その他の希望）

介護する人に伝えたい事

介護のための費用
（私の預金から、保険から　など）

自分で財産の管理ができない時
（　　　　　　　　　　　　　　　　）さんへお願いします

【代理人や任意後見人契約をしている場合】

名前	
電話	
間柄	
契約の内容	
書面の保管場所	

食べ物について
（アレルギー　苦手な食べ物　好きなもの）

身のまわりのこと
（苦手なこと・好きなタオル・におい）

呼び方

して欲しいこと　して欲しくない事

介護は、認知症、軽い脳梗塞とか脳溢血、交通事故など、いろいろな理由で必要になります。つまり「ある日突然」要介護になる可能性があるのです。ましてや年を取れば、誰でもいつか人の手を借りることが出てくる。そういう意味でも、若いから必要ない、ではなくて、すべての人に記入してもらいたいです。何かを判断しなくてはならないケースで、誰の意見を尊重すべきなのか、ということも伝えておくべきです。

財ポイント　人の心は繊細です。してほしいこと、してほしくないことは人それぞれ。こだわりもあると思います。元気な時に、基本的な希望を書いて残すことで、家族、そして家族から介護する人へと、思いがより伝わるのではないでしょうか。

ターミナルケア（終末期医療）について

【病名・余命の告知について】

☐ （病名・余命）の告知をしてほしい	☐ 告知をしてほしくない

私の希望

☐ 延命治療を希望します
☐ 延命治療を望みません
☐ 苦痛をやわらげる緩和治療

【認知症などになった場合】

私の希望

【介護をされることになった時】

私の希望

【その他の気持ち】

☐ 臓器提供を希望します	☐ 今のところ考えていない

望ましい年齢　▼
心臓 ……… 50歳以下
肺 ………… 70才以下
腎臓 ……… 70才以下
ひぞう …… 60才以下
小腸 ……… 60才以下
肝臓 ……… なし

【こんな最期を迎えたいというイメージ】

【自分が意思表示できなくなった時、代わりに判断してほしい人】

名前

【回復が見込めない状態になったとき、してほしい治療・してほしくない治療】

【ありがとうを伝えておきたいこと】

さいごに何か食べたい
「ごめんなさい」を伝えておきたいこと
さいごに会っておきたい人や伝えたいこと

終末期医療ほど、本人の意思が重要となってくるものはありません。だからこそ、まだまだ元気な今のうちに自分の意思を書いて残しておくべきだと思っています。延命治療を望むのか、望まないのか。臓器移植をしてもいいのか、してほしくないのか。家族に苦悩させないためにも、自分がどのようにしたいかを書いて伝えましょう。

財ポイント 病気の種類や病状、その時の自分の立場、家族の状況などにも判断は左右されます。だから現時点での自分の考え方として、いつでも書き直しができるこのファイルに、尊厳死、延命処置の希望など、今の率直な気持ちをまずは書いてみては。気持ちが変わったら、書き直せばいいのです。

死を宣告された人の心理状態は「否認」「怒り」「取引」「抑うつ」「受容」という5段階のプロセスをたどるそう。本人の心の整理を手助けし支えてあげることも大切ですね。

事故にあった時亡くなった時

【緊急連絡先】

①	名前		電話番号	
	自分との関係		携帯番号	
	住所		メールアドレス	
②	名前		電話番号	
	自分との関係		携帯番号	
	住所		メールアドレス	
③	名前		電話番号	
	自分との関係		携帯番号	
	住所		メールアドレス	
チェック	□　　　　　　　　　　はこのノートの事を知らせてあります □　　　　　　　　　　には伝えないでください 　理由（　　　　　　　　　　　　　　　　　　　　　　） □ 家族とはLINEでグループになっています □ 友達のほとんどがLINEです 　携帯暗証番号は（　　　　　　　　）です			

自分の身に何か起きた場合、家族から伝えてほしい、あるいは伝えてほしくない友人、会社関係者などの名前と連絡先のリストがあれば、不安な中でも家族は助かります。リストには"学生時代からの親友"とか"会社の同期"など、自分との関係も書いておきます。そして伝えてほしい人、伝えてほしくない人を区別できるように、印をつけておくとわかりやすいです。

「○○さんに連絡して、会社の人たちに伝えてもらうようにお願いしてください」といった、要望などをメッセージとして書いておくのもいいですね。

遺言書について

☐ 遺言書を作成しています
　☐ 公正証書遺言　　☐ 自筆証書遺言　　☐ 秘密証書遺言
　保管場所
　作成日　　　　年　　　月　　　日
　内容の概略
　遺言執行者
　連絡先

☐ 遺言書を作成していません
　理由

依頼　相談している専門家
　事務所名
　名前
　所在地 〒
　電話　　　　　　携帯電話　　　　　　メール
　依頼内容
　今　考えていること

遺言書には、①『公正証書遺言』(遺言者から直接公証人が遺言の内容を聞き取り、公証人が書面に作成)、②『自筆証書遺言』(遺言者が直筆で作成。証人は不要)、③『秘密証書遺言』(遺言者が直筆で作成し、署名、押印し、封印後、それが本人の秘密証書遺言であることを公証役場で証明。内容を誰にも知られたくない場合に使われる)の3種類があります。②と③は、表現や内容の不備で無効になる危険性もあります。2020年7月10日には遺言書保管法の施行により、法務局で自筆証書遺言を保管できるようになる予定なので、注目。

財ポイント　遺言書があるのかないのかは、残された家族にとっても大切なこと。「遺言書を作成している」、もしくは「遺言書は作成していない」とファイルに書いておけば、大きな手掛かりに。さらに、残している場所も明記しておきましょう。

亡くなってすぐ
やらなければならない手続き

　死亡後、家族が最初にやらなければいけないことは、死亡届の提出、健康保険、公的年金の廃止や変更手続きなどです。その後は民間の公共料金の変更届などが待っています。金融機関が名義人の死亡を確認したら口座は凍結されます。電気、水道、ガス、電話会社など、その故人の口座からさまざまな支払いを引き落としにしていた場合、名義や口座番号の変更手続きをしなくてはいけません。その際、あらかじめ金融機関各社の電話番号などをリストにしておくと、残された家族は助かります。そして変更手続きの連絡をした会社には『済』の印をつける。私はチェックシートのようなリストを作って書いています。これは引っ越しの時にも役立ちます。

　この他にも死後、すみやかにやらなくてはいけ

悲しんでいる余裕もない

ない事務手続きがいくつもあり、悲しむ暇もないぐらい書類提出に追われます。役所や年金事務所に行って、死亡届の提出、健康保険証の返却・変更や公的年金の手続きなどなど、これが結構大変な作業です。病院で受け取る死亡診断書と死亡届用紙は、1枚の紙に一体となっており、役所へ届け出た後は原本が手元に残りません。後々、生命保険金の請求や銀行口座、携帯電話の解約手続きなどで必要となる場合もあるので、原本は多めにコピーしておくことをお勧めします。

そして死亡届と同時に火葬許可申請書を役所に提出し、受理されると『火葬許可証』が交付されます。火葬を行うためには、これが必ず必要となります。

火葬後、今度は納骨の際に必ず必要となる『埋葬許可証』を受け取るという流れです。通常、死

亡届の提出、葬儀、埋葬の手続きなどに関しては、葬儀社が代行するのが一般的です。

　死亡届、火葬許可証交付申請の提出は死後7日以内。年金受給権者死亡届の提出は厚生年金の場合10日以内（国民年金は14日以内）。世帯主変更届、介護保険の手続きなどの提出は14日以内です。ちなみに世帯変更届とは、住民票に記載されている世帯主から、他の世帯員の誰かに世帯主を変更する手続きのことを言います。これは世帯主が亡くなった場合に必要となる手続きです（※但し、夫が亡くなり、妻と子供2人が残され、その子供らが15歳以下の場合は世帯主にはなれないので、自動的に妻が世帯主となる。したがって世帯変更手続きは不要）。

　さらにその後、相続の時に必要となってくるのが戸籍謄本（3ヶ月間有効）です。家族の死後、役所で死亡届などの提出をする際に、自分の戸籍謄本もついでに取っておくほうがいいかもしれません。そうすると、あらためて役所に足を運ばなくて済みます。

葬儀後のさまざまな変更手続きなどを有料で代行してくれるサービスもあります。お近くの行政書士事務所などに相談してみるのもひとつの方法です。事前に連絡先などをチェックしておくのもいいですね。

樹木がいい

遺骨のまま捨てたり勝手に埋めたら刑法190条「遺骨遺棄罪」になります。
墓地埋葬法にも引っかかるので注意！
散骨する場合は骨を細かく砕き粉末状にした「遺灰」にする必要があります。

海にまいて欲しい。

すりこぎ　ゴリゴリ　骨

自分でするのは……。

死亡後にやることチェックリスト

| 死亡に関する届け出 | ➡ | 市町村役場へ行く |

※窓口へ行く人の身分証明書、印鑑

- ☐ 死亡届　　　　　　　　➡　死亡から7日以内
- ☐ 火葬(埋葬)許可申請書　➡　死亡から7日以内
　　　　　　　　　　　　　　　（死亡届と合わせて提出）
- ☐ 世帯主変更届け　　　　➡　死亡から14日以内
　　　　　　　　　　　　　　　（亡くなった人が世帯主の場合）
- ☐ 印鑑登録証の返納

市町村役場へ提出するついでに、今後保険金受取手続きなどに必要な亡くなった人の生まれてから亡くなるまでの戸籍謄本をとっておく

受取人や、相続人の戸籍謄本や印鑑証明も必要になる（遺産分割協議書）

| 健康保険などの届け出 | ➡ | 市町村役場へ行く |

- ☐ 国民健康保険資格喪失届(後期高齢者医療制度は不要)
　　死亡から14日以内（健康保険証を返還）
- ☐ 葬祭費の請求　　　　　➡　葬儀の翌日から2年以内
　　　　　　　　　　　　　　　（健康保険から葬祭費埋葬料が
　　　　　　　　　　　　　　　遺族に支給されます）
- ☐ 介護保険資格喪失届け　➡　死亡から14日以内
- ☐ 各種障害者手帳返納
- ☐ その他の健康保険共済組合　➡　勤務先
　　　　　　　　　　　　　　　　　健康保険組合などへ行く
- ☐ 資格喪失届け　　　　　➡　通常事業主経由
　　　　　　　　　　　　　　　（健康保険証の返還）
- ☐ 埋葬料の請求　　　　　➡　死亡の翌日から2年以内

| 公的年金の届け出 | ➡ | 年金事務所などへ |

☐ 年金受給権者死亡届　　➡　すみやかに（国民年金 14日以内
☐ 未支給年金請求書　　　➡　すみやかに（厚生年金 10日以内

| 公共料金支払いの届け出 | ➡ | 各会社へ |

故人の預貯金口座が凍結され相続財産の分割が確定するまで
原則として引き出しができなくなります。
公共料金振替口座などはすみやかに名義変更などの手続きが必要です。

葬儀のこと

葬儀の実施

葬儀の宗教（仏教・神道・キリスト教・その他の宗教）

菩提寺や持定の寺社　教会

名称

住所

電話

葬儀の業者（生前予約・会員になっている　など）

葬儀の形式（一般的な葬儀・家族葬・密葬）

葬儀の費用（保険・共済・預金）（だいたいの金額）

喪主

世話役

弔辞

戒名

香典

供花

葬儀で使ってほしいお花

棺に入れてほしいもの

葬儀で使用したい音楽（CDがあれば入れておく）

遺影について（使ってほしい写真を入れておく）

その他　葬儀に関わる親族・友人へ伝えたい事（自分のイメージなど）
※演出や祭壇のイメージ

死亡通知（　　知らせる　　知らせたくない　　リストがある　　）

死後は、事務的な手続きと同時に、短時間で葬儀社を決めて、どこでどのような葬儀をするか決めなくてはならない……家族のプレッシャーは大変なものです。お寺か、お別れ会か、戒名は?……などなど、決めることが山ほどあるのです。自分の葬儀をどうしてほしいか。「家族葬で」「花はカサブランカ」など、小さなことでも希望や意思がノートに残されていたら、家族は「希望通りにしてやれた」とせめてもの安堵を感じられます。

本人の意思がわからないと葬儀の規模をどうするか、あの人は呼んでいいのか、呼ばなくてもいいのか。辛く悲しい状況のなかで、家族や親戚間で揉めることもあります。希望は必ず書いて残しましょう!

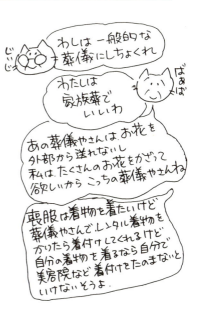

墓のこと

先祖代々の墓（場所・墓地使用権者）

お墓を承継して欲しい人　遺言書に書くと法的効果が発生します

希望するお墓（納骨堂・樹木葬・散骨など）

お墓や墓石・仏壇など伝えておきたいこと

供養・法要について

まず自分が入る、入らないは別として、先祖代々のお墓のあるお寺の名前と連絡先は書いておきましょう。最近は、樹木葬や散骨など、お墓にこだわらない人も増えています。自分はどうしてほしいか、供養、法要の希望などの事もしっかりと明記し、遺族に知らせておくべきだと思います。

財ポイント　命日リストを作っておくこともお勧めします。親族の亡くなった日が一覧になっていると、誰の法事がいつかが一目でわかるので便利です。さらに、法事の際の場所、お布施の金額や、何回忌までやってほしいといった希望までを書いておくと、なおいいですね。

墓じまいする人が増えている

最近、注目されているのが『墓じまい』。もうお墓なんて要らない、という人が増えて、『墓じまい』を代行する業者も出てきています。お墓に入るということは、残された家族が管理していくことで、維持費がかかります。遠方に住む人が管理する場合、いろいろ大変なこともあると思います。

後々もめないように、自分の墓を継承してほしい人がいれば、遺言書に書いておくことをお勧めします。お墓に関することに法的拘束力を持たせることができるからです。つまり法的な〝墓守人〟指名ですね。継承してほしい人には、事前に伝えて根回ししておくほうが、もめ事も少ないと思います。

ただし、急に指名を受けても、相手がお墓を引き継ぐのは無理、ということもあり得ます。そんな時、『墓じまい』となるわけですが、儀式、墓石の撤去費、お寺からの離檀料、お骨を移す先の使用料など、数十万円程度の費用とエネルギーが要る大仕事です。家族とお墓の管理について長い目で話し合っておくことが望ましいですね。

相続後名義変更チェックリスト

預貯金 ➡ 預入金融機関へ行く　相続税の申告は
　　　　　　　　　　　　　　相続開始後10ヶ月以内に
　　　　　　　　　　　　　　行わなければならない

☐ 金融機関の定める手続き書類
☐ 通帳・証書・各種カード・届出印
☐ 被相続人(故人)の戸籍謄本
　（出生から死亡時まですべてのもの＝改製原戸籍と除籍謄本）
☐ すべての相続人の 戸籍謄本
☐ 遺産分割協議書　すべての相続人の 印鑑証明書

相続人が海外に住んでいると印鑑証明書がないため在外公館でサイン(拇印)証明を受ける手続きが必要になります。この場合、あらかじめ遺産分割協議書を海外に送付しておく必要があり、手続きに時間がかかり面倒です。

葬儀後、おそらく最初にやるのが、故人の預貯金の引き出し、解約などの手続きです。その際、金融機関には、故人の財産が相続財産として適切に処理されたことがわかるものを提出する必要があります。ところが、これがかなり面倒で時間がかかります。必要書類は、①被相続人(故人)が生まれてから死亡するまでの戸籍謄本。②相続人全員の戸籍謄本。③相続人全員の印鑑証明。④同印鑑が押された相続届(遺産分割協議書)。なお、公正証書遺言書がある場合は手続きが簡単になります。
ノートにチェック欄を設けて、それぞれの手続きが終わるごとに ✓ と書いておけば、安心できます。
故人が生命保険に入っていた場合、保険会社に連絡すると手続きをするための書類が届きます。この時に死亡診断書が必要です。あらかじめコピーを取っておけばスムーズに手続きできます（※保険会社によって、コピー不可の場合があるで、連絡の際に要確認）。

| 生命保険 | → | 保険会社に電話する |

☐ 保険会社に ｛ 保険証券の番号
故人の氏名（被保険者）
死亡日
死因（事故や病気など）
死亡保険金受取人の氏名と連絡先
連絡した人の氏名（被保険者の続柄と連絡先）
死亡時の入院や手術の有無

↳ 保険会社より書類が届く
　　☐ 保険会社の請求書 ……… 受取人が記入する
　　☐ 保険証券 ………………… 万が一紛失されている場合、紛失届
　　☐ 死亡診断書 ……………… 医師が発行する死亡診断書
　　　　　　　　　　　　　　　（または死体検案書）
　　☐ 本人確認書類 …………… 運転免許証・パスポート・健康保険証
　　　　　　　　　　　　　　　いずれのコピー

↳ 上記書類を提出　※保険会社により異なる場合があります。

財ポイント　死亡診断書は多めにコピーを取っておくこと！　携帯電話の解約など、さまざまな手続きの際に提出を求められることがあるので、10枚程度コピーがあったほうが安心です。

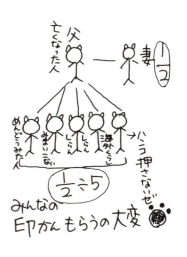

妻と5人の子供の場合

父（亡くなった人） — 妻 1/2

めんどうみたい　まいこない　しらん　海外くらし　ハンコ押さないぜ

1/2 ÷ 5

みんなの印かんもらうの大変

相続放棄期限は　3ヶ月
亡くなった人の残した財産全て相続しない事です。
（プラスの財産も全て）

解約手続きするもの

項目	ナンバー	受付窓口	問いあわせ先
健康保険証			
後期高齢者医療保険証			
介護保険被保険証			
国民年金			
印鑑登録証			
運転免許証			
パスポート			
各種障害者手帳			
マイナンバーカード （返却の必要なし）			
住民基本台帳カード マイナンバーカードに要交換 ※取得から10年で無効に			

クレジットカード ①			
②			
③			
キャッシュカード ①			
②			

印鑑登録は、死亡届を提出すると自動的に廃止されるので、印鑑登録廃止の手続きをする必要はありません。ただし、印鑑登録証（カード）は役所に返納しなくてはいけません。国民健康保険証、介護保険被保険者証、後期高齢者医療保険者証も役所の窓口に返却。会社員の場合、健康保険証は勤務先に返却します。また、運転免許証は警察署、パスポートは各都道府県の旅券窓口に返却するのが原則です。

マイナンバーカードの返却義務はありません。死亡後、税や保険の手続きなどの請求で、マイナンバーカードが必要となる可能性があるためです。

故人が年金受給者の場合、必ず受給停止の手続きをしなくてはいけません。厚生年金は死後10日以内、国民年金は14日以内に、年金事務所へ届け出ましょう。

死亡後、故人のクレジットカードの解約も早めにやったほうがいいですね。口座が凍結されていなかったら、年会費の支払い月が来たら自動的に引き落とされてしまいます。

財ポイント 老親の銀行口座やクレジットカードは、数が少ないほど遺族は助かります。一緒にチェックして、必要ないと判断したら親の了解を得て解約しましょう。これは大事な終活です。自分のカードもよく使用するものだけを残して整理することをお勧めします！

編集Oも実際に作ってみて

『ありがとうファイル』が、どれほど便利で家族のために役立つのか？　まずは自分で作ってみないと、本当の良さを伝えられない。さっそく編集担当者Oは、自分と親のファイルを作ってみた。そこで初めて気づいたり、さらに「こんな時はどうすればいいの？」といった疑問が続出。教えて、財前さ〜ん！

まず、親に協力してもらういい方法とは？

編集担当O（以下・O）　最初、自分は自分、親は親で、それぞれが書いてファイルを作るイメージだったので、親に「書いて」とお願いしたところ、いきなり拒絶されました（笑）。

財前さん（以下・財）　そうでしょうね（笑）。私は親を説得する前に、まず自分のファイルを作りました。そして「こうやってまとめると、一目でわかるし、とっても便利なの」と、ファイルを見せながら説明しましたね。

財前さんにクエスチョン!

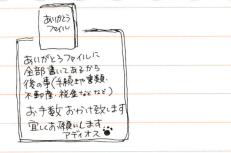

〇 なるほど。まずは自分のファイルを作ってから、説得すれば良かったのか〜〜。

財 そう。「これ、あると本当に家族も助かるよ」と見せてから、「私が書いてあげるから、一緒に作らない？」と、それとなく促しました。さらに、「私に何かあった時は、すべてこのファイルに書いてあるから見てね」って。

〇 結局、うちも聞き取りをしながら、私が親のファイルを作りました。

財 いきなり「書いて」と言っても、素直に書いてくれない可能性のほうが高いですからね。まずは親の不信感や煩わしく感じるハードルを下げることが大事だと思います。

〇 だからまず、日常生活に直結する情報だけを聞きました。携帯電話、銀行カードやクレジットカードなどを紛失した時の連絡先などから、ま

とめていきました。

財 保険の見直し、解約する時の連絡先とか、電気、水道、ガス会社の連絡先なども、ばらばらにアドレス帳に入れるより、1枚の表にまとめておけば、頭が整理しやすくてとっても便利。いざ事が持ち上がってから一から調べるのは手間と時間が必要ですからね。

O 後でまとめたものを親に見せたら、「これ便利だね」って（笑）。最初は、いわゆるエンディングノートを書かされると思ったみたいで。

財 「縁起でもない。私はまだ死なない！」と誤解を受けやすいですからね。家族間でいきなり「死にそうな時どうしてほしい？」とは、さすがに聞きにくい（笑）。60歳、70歳、80歳……と、これから先の記念になる年であったり、子供、孫の入学や成人のお祝いなど、家族みんなで楽しい出来事を想像しながら、「ライフプラン」から書き始めるのも、いいと思います。

ノートとファイル、何が違うの？

遺影にする写真も入れておくとイエーイ

O 親と作りながら、「なぜノートではなく、ファイルなの？」と聞かれました（笑）。

🟥**財**　ファイルは、書いたものを1枚1枚整理しながら保管できるので、ノートと違って書き直しや新たな情報の追加が簡単。書いた後も人生は動いていくから、そのほうが合理的でしょう。

🟧**O**　家族の思い出の写真や料理の写真も一緒に入れられるし、銀行やクレジットカードの明細も用紙に貼りつけたり、クリアファイルにそのまま入れて保管もできますしね。

🟥**財**　この『ありがとうファイル』の場合は、自分が必要だと思う項目だけを（ダウンロードして）書いてファイルしていけばいいので、無駄なページがないんです。

🟧**O**　確かに、既成のエンディングノートだと、書きづらい項目ばかりで、いざ書こうと思っても、構えてしまってなかなかペンが進まないかも。

🟥**財**　じつは私自身のファイルも、まだ完成したわけではないんです。その理由は、これからまだまだ書き足したい項目や写真が増えると思っているので、終わりがない（笑）。

🟧**O**　ハハッ。でも、実際に書いてみて感じたのは、書くのってけっこう大変だな〜と。

🟥**財**　そんなところもファイルだと便利なんです！例えば、健康保険証、保険証券、登記簿、マイナ

ンバーカードとか、いちいち書くのが面倒だと思えば、それをコピーして、ファイルに入れておくだけでもOK！

🄾　そうか〜。コピーしたものをファイルに入れておけば、かなり時短になります（笑）

㊡　1回コピーしたら、原本は大事な場所に保管して何度も出し入れしないようにする。そこがノートと違ってファイルのいいところでもあるのです。

🄾　親は歯科、眼科、耳鼻科など病院の診察券をたくさん持っているんですけど、それを1枚の紙にコピーしてファイルに保管するのもありですね。お薬手帳の処方箋とかも。

㊡　そうですね。この本を参考にしてもらって、世界にひとつの『ありがとうファイル』を作ってもらえたらと思います。

ファイルの保管場所はどうすればいい？

🄾　作った直後、素朴に思ったことは、"このファイルをどこに保管すればいいのか"、という疑問でした。パソコンのログインパスワードやID、銀行カードの暗証番号など、重要な個人情報が書い

てあるので、万が一、誰かに盗まれたら、大変なことになりますよね。

財 ファイルの保管場所はどこがベストか。それは各家庭の事情によっても変わってくるので、なかなか難しいですね。防犯、火災対策を考えた場合、家に金庫があれば金庫に保管するのが一つの正解じゃないかと思います。それでも心配だという人は、銀行の貸金庫に預けておくと、より安心できるのではないでしょうか。ただ、機密性？の高い情報と日常で確認したい項目があるので、内容でファイルを分けておくというのも、ひとつの方法かもしれませんね。

O ちなみに、財前さんはどこに保管しているのですか。って、コレ聞いていいのかな（笑）？

財 アハハ。うちはすぐに持ち出せる秘密の場所に隠して置いてあります。もし大きな地震などが起きた場合、取り出しに手間取る場所だと、持ち出せない可能性があるからです。

O 保管場所については、家族全員がどこにあるかをしっかり共有しておく必要もありますね。ありがとうございました！

自分を表す言葉

もし墓石に文字を残すとしたら？
お墓を作らなくても　自分を短い言葉や字で表す事で
どんな人生なのか？　どんな人なのか？
何を伝えたいのか？
自分の好きな言葉や文章を考えてみましょう

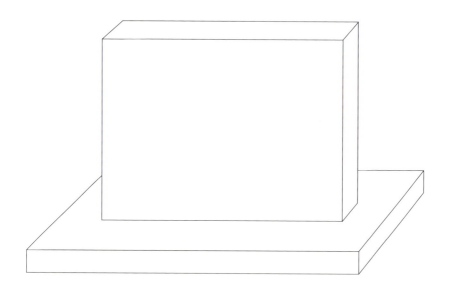

和、愛、感謝、希望、LOVE、永遠、夢、絆、慈、ありがとう
もしかしたら　顔写真が墓石に彫られる時代も来るかも知れませんね。

ちなみに私は、「See you！ またね」と書きたいです。
「See you」と「またね」は同じ意味ですが、また会いましょうにもなる。
そして、「あの世でも会いたいし、生まれ変わっても会いたいね」という意味が
込められています。お墓を造らない人でも、こういうことを考えること自体、
楽しいと思います。直筆もいいですね。

あとがきにかえて

私の夢は、

こんなファイルを作る事が当たり前になって、

子供が独り立ちして

家を出る時や結婚した時など、

節目節目にみんなが子供のページを

コピーしてファイルを

『株分け』するような日が来ることです。

家族に愛を伝えて残す

「夢のバトンタッチ」———

それが『ありがとうファイル』で

私が一番やりたいことです。

あなたと家族の幸せを願って、See You！

最後に、この本を手に取ってくださった

あなたに感謝を込めて「ありがとう」。

財前直見
(ざいぜん なおみ)

女優
1966年1月10日生まれ、大分県在住。
1985年より女優として活動。
シリアスからコメディまで幅広いジャンルのドラマ、映画に出演。
主な作品は、ドラマ『お水の花道』シリーズ(1999、2001年、CX系)、
ドラマ『QUIZ』(2000年、TBS系)、
連続テレビ小説『ごちそうさん』(2013年、NHK)、
大河ドラマ『おんな城主 直虎』(2017年、NHK)、
『刑事ゼロ』(2019年、EX系)、
映画『天と地と』など多数。
連続テレビ小説『スカーレット』(2019年秋期、NHK)に出演。
公式サイト http://www.ken-on.co.jp/zaizen/
Instagram ＠naomi_zaizen_official

撮影／繁昌良司(カバー、P2〜3　P70)　佐々木恵子(P31)
相澤琢磨(P1、P4〜7、P65〜67)〈光文社 写真部〉
イラスト／財前直見　イラスト協力／野口安奈
デザイン／前橋隆道　長島理恵(tokyo synergetics)
制作協力／西野英明
法律監修／西川豪康(税理士法人 西川会計)
構成・取材／大中智昭

自分で作る　ありがとうファイル

2019年4月30日　初版第1刷発行
2020年3月10日　　　　第4刷発行

著者　財前直見

発行者　田邊浩司

発行所　株式会社　光文社　〒112-8011　東京都文京区音羽1-16-6
電話　編集部 03-5395-8172　書籍販売部 03-5395-8116　業務部 03-5395-8125
メール　non@kobunsha.com

落丁本・乱丁本は業務部へご連絡くだされば、お取り替えいたします。

組版　凸版印刷　　印刷所　凸版印刷　　製本所　ナショナル製本

Ⓡ〈日本複製権センター委託出版物〉
本書の無断複写複製(コピー)は著作権法上での例外を除き禁じられています。本書をコピーされる場合は、そのつど事前に、日本複製権センター(☎03-3401-2382、e-mail:jrrc_info@jrrc.or.jp)の許諾を得てください。
本書の電子化は私的使用に限り、著作権法上認められています。ただし代行業者等の第三者による電子データ化及び電子書籍化は、いかなる場合も認められておりません。

©Naomi Zaizen 2019 Printed in Japan　ISBN978-4-334-95081-1